Nicaenus Aristaenetus

Briefe

Nicaenus Aristaenetus

Briefe

ISBN/EAN: 9783744719889

Hergestellt in Europa, USA, Kanada, Australien, Japan

Cover: Foto ©ninafisch / pixelio.de

Weitere Bücher finden Sie auf **www.hansebooks.com**

Briefe
des Aristänet.

Aus dem Griechischen übersetzt

von

J. F. Herel.

Altenburg
in der Richterischen Buchhandlung 1770.

Vorrede.

Der wahre Verfasser dieser Briefe, die uns eine einzige Handschrift aufbehalten hat, ist unbekannt — wenigstens sehr zweifelhaft; ein Schicksal, das nicht immer nur die mittelmäßigsten Werke aus dem Alterthume betraf. Wahrscheinlich ist es bloß,

daß

daß er derienige Aristänet aus Nicäa in Bithynien sey, dessen der Redner Liban, als seines Freundes, und be= redten Mannes von einnehmenden Cha= rakter gedenket, und an den einige Briefe von ihm noch vorhanden sind. Er war ein Anhänger des ältern Glau= bens, und käm in dem Erdbeben um, welches unter Konstantius Regierung im Jahre Christi 358 Nikomedien zer= störte, wo er eine obrigkeitliche Würde bekleidete. Der Ausdruck: das neue Rom; eine Benennung, die Konstan= tinopel erst nach den Zeiten des soge= nannten großen Konstantin's erhielt,

und

und die Erwähnung des berühmten
Pantomims, Karamallus (*) läßt
uns wirklich sicher schliessen, daß diese
reizende Tändeleyen ungefähr gegen
den angegebenen Zeitpunkt aufgesetzt
worden sind. Einige unbarmherzige
Muthmaße suchen sogar die armen
kleinen Geschöpfe völlig vaterlos zu
machen. Possen! sprechen sie, warum
soll eben ein Aristänet sie geschrieben
haben? Von der Aufschrift des ersten
Briefes ist der Name entlehnt; setzt
einen der folgenden an seine Stelle,

A 3 und

(*) beyde Stellen sind im 26sten Briefe
des 1sten Buchs.

6

und schreibt sie dann eben, so gut dem Lucian, Alciphron, oder gar einem erdichteten Philoplatanus, und Kyrton zu: nichts weiß man von ihrem Verfasser. — Ob diese Herren Recht haben, oder nicht, das entscheide das Haupt der Kunstrichter — der Mann im Monde!

Eine nach Standesgebühr gelehrte Abhandlung von der Schreibart unsers Verfassers, ihren eigenthümlichen Schönheiten und Fehlern — von dem Plane und Gange seiner Erzählungen — seinen Erfindungen — und häufigen Nachahmungen anderer —

seiner

seinen Gemählden und Gleichnissen —
seiner Kenntniß der Sitten des Her-
zens, und der Sprache der Leidenschaft; nebst der Vergleichung seines
Werthes und Unwerthes in diesen
Punkten mit Schriftstellern von ähn-
lichem Innhalte — ein Vorschlag,
die Griechen aus dem sophistischen
Zeitalter, nach einem gewissen Plane,
reälkritisch zu bearbeiten — ein andrer,
eine ausgesuchte Sammlung, aus allen griechischen Briefstellern zu veran-
stalten — ein kezerisches Paradoxon
von der wahren Absicht und Denkungsart der alten Erotiker, die der

A 4   Ueber-

Ueberſetzer — einen, oder zween ausgenommen — für vollkommne Miſogynen hält — Prüfung der franzöſiſchen Dollmetſchung des Ariſtänet (*), oder beſſer, einer ungetreuen, oft ganz falſchen Umſchreibung der lateiniſchen des Mercier — Rechenſchaft des Deutſchen von ſeiner Arbeit, nebſt beyläufiger Anzeige eines noch unbemerkten Nutzens der Ueberſetzungen, eine Parentheſe an die Kinder Burmann's — dies alles, was in dieſe lange Taſis gepreßt iſt, — lauter Beſtandtheile

einer

(*) Lettres d'Ariſtenete, auxquelles on a ajouté les Lettres tres choiſies d'Alciphron. Londres, 1739. 12.

einer recht stammhaften Vorrede —
wird der Ueberſetzer theils in einem
beſondern Verſuche über die erotiſchen
Schriften der Griechen umſtändlich
vortragen, ſo bald es ſeine hochgebie-
tende Dame — die Hypochondrie —
ihm erlauben wird, ſich mit Gegen-
ſtänden dieſer Art zu beſchäftigen, theils
ſeinen Leſern zur ſelbſtbeliebigen Aus-
arbeitung von ganzen Herzen über-
laſſen.

Gegenwärtig merkt er bloß dieſes
an, daß er bey ſeiner Beſchäftigung
die Abreſchiſche Ausgabe (*) zu Grun-

A 5   de

(*) Zwollae, 1749. 8.

de gelegt, und den kurzen Innhalt, der

jedem Stücke in der Urschrift vorge=

setzt ist, weggelassen habe, weil er

glaubt, daß dies der Zusatz eines müßi=

gen Grammatikers spätrer Zeiten sey,

der diese Aufsätze mit einer Wohlthat

verunstaltete, die man den Durch=

blättrern gigantischer Aktenballen und

wohlverordneten Konsulenten, nicht

Lesern kleiner Werke des Witzes,

schuldig ist.

Briefe

Briefe des Aristänet.

Erstes Buch.

I.

Aristänet an den Philokalus.

Schön ward Lais, meine Geliebte, schön von der Natur gebildet; doch reizender noch als alles andre, schmükte sie Venus aus, und gesellete sie zu dem

Reihen

Reihen der Grazien, und der goldne Amor
lehrte die Holde aus ihrer Augen Blicken
treffende Pfeile abzusenden. Schönstes
Meisterstück der Natur, Stolz der Mädchen, ganz lebendes Bild Archroditens! —
Ihre Wangen — soll ich Reize, der Lie-
besgöttinn würdig, nach Vermögen durch
Worte schildern — sind weiß, mit gelinder Röthe durchmischt; so gleichen sie
frischblühenden Rosen. Zart sind die Lippen, und sanft von einander getheilet,
und höher, als die Wangen, gefärbet.
Schwarz, von der reinsten Schwärze, ist
die Augbräne, und regelmäßig in der Mitte
gespalten. Die Nase ist gerade, und

gleicht

gleicht an Feinheit den Lippen; groß sind die Augen, heiter, und von reinem Lichte glänzend. Die schwarzen Augäpfel, ihr weisser Umkreis, beides ist von dem vollkommensten Scheine; eines macht das andre bey abwechselnder Uebertreffung sichtbar, und die starke Verschiedenheit selbst gefällt im nahen Kontraste. Hier kann man die Grazien in ihrem geweihten Sitze verehren. Ihr von Natur gelocktes Haar, gleicht, wie Homer spricht, der Blume des Hyacinthus; Venus besorgt es mit eigenen Händen. Weiß ist ihr Hals, dem Gesicht' entsprechend; stolz aus Niedlichkeit auf sich selbst, wär' er auch ungeschmücket,

cket, aber noch umgiebt ihn ein mit Stei-
nen besetztes Halsband. Der Name der
Schönen ist auf solchen ausgedrückt, und
die Buchstaben bildet der Steinchen Stellung. Schlank ist ihr Wuchs, ihr Anzug
niedlich und passend, und der Form der
Glieder angemessen. Ist sie bekleidet,
was gleicht der Schönheit ihres Gesichtes?
allein, fällt das Gewand, o! dann scheint
sie überall gleich reizend zu seyn. Ihr
Gang ist gesetzt, und langsam, sanftwal-
lend, wie die Cypressen oder Palme; denn
stolz ist Schönheit von Natur. Zephyrs
Wehen bewegt diese Bäume, aber der Liebesgötter Hauch das Mädchen. — Von

ihr

ihr haben, ſich der Mahler größte Meiſter
das Bild, ſo gut, als ſie konnten, genom-
men. Sollen ſie nun Helenen, die Grazien, ja, der Grazien Beherrſcherinn ſelbſt
ſchildern, dann richten ſie die Augen auf
Lais Bildniß, und geben nach ihm dem
Gegenſtande ihrer Kunſt mit der Würde
einer Gottheit den Ausdruck. — Beynahe vergaß ichs, zu ſagen, wie der ſtre-
bende Buſen die Hülle mit Gewalt empor
hebe. — Ihre Glieder ſind von ſolcher
Feinheit, daß beym nähern Anfühlen die
Gebeine ſelbſt eine weichliche Beugſam-
keit zu beſitzen ſcheinen. Faſt nehmen
ſie, — ſo groß iſt ihre Zärte, — jeden

Eindruck

Eindruck zugleich mit dem Fleische an, und geben in des Geliebten Umarmungen nach. — Spricht sie, Himmel, wie bezaubernd ist ihre Rede! Wie allerliebst schwaßhaft ihre Zunge! Ganz umgiebt Lais der Gürtel der Grazien, ganz verführerisch ist ihr Lächeln. Selbst Momus würde mein Mädchen nicht in dem geringsten Stücke tadeln können, so blühend, so stolz ist sie mit Schätzen von Anmuth gezieret. — Wie, daß mich Cythere dieser Schönen würdig schätzte? Vor mir stritte sie nicht um den Preis der Schönheit, nie sprach ich ihr den Rang über Juno und Minerven zu, und reichte ihr

den

den Apfel, des Sieges Entscheidung, und
freywillig hat sie mir dies theure Geschenke, diese Helena, gewähret. —
Mächtige Göttinn, welch ein Opfer soll
ich dir um Lais bringen? Um sie, von
welcher ieder, der sie betrachtet, den Blick
voll Ehrfurcht abwendet, und entzückt zu
den Göttern flehet, Neid, und verderbli-
ches Flüstern von dieser Bildung, diesen
Reizungen zu entfernen. Heitrer werden
die Augen derer, die ihr sich nähern, so
groß ist die Vollkommenheit ihrer Schönheit; Sie bewundern die verlebtesten
Greisse, wie Helenen die Versammlung
der Alten beym Homer. Wären wir doch,

B   sprechen

sprechen sie, entweder als Jünglinge so
glücklich gewesen, sie zu besitzen, oder möch=
ten wir jetzt erst anfangen, Jünglinge zu
seyn! — Mit Recht ist das Mädchen in
dem Munde von ganz Griechenland, wo
Stumme selbst einander durch Winke sich
Lais Schönheit erzählen. — Ich weiß
nicht mehr, was ich sagen, noch, wie ich
aufhören soll. Doch ich schließe, mit dem
einzigen, großen Wunsche, daß diese Schil=
derung Lais Reize besitzen möge, deren
heftige Liebe mich antrieb, den geliebten
Namen hierbey oftmals auszusprechen!

2.

2.

Ohne Aufschrift.

Als ich verwichenen Abend in einer kleinen Straße sang, näherten sich mir zwey
Mädchen von reizenden Blicken; sie lä-
chelten, und nur an der Zahl wichen sie
den Grazien. In unverstelltem Wett-
streite, mit aufrichtiger Mine fragten mich
da die Mädchen: Lieblich hast du gesun-
gen, und uns mit schweren Pfeilen der
Liebe getroffen; bey deiner Kunst im Singen, die ieder von uns beyden Gehör und
Seele mit Zärtlichkeit erfüllte! sprich,
welcher zu Gefallen sangest du? Jede be-

B 2   hauptet,

hauptet, sie wäre deine Geliebte; schon
sind wir eyfersüchtig, und kommen deinet=
willen im Zanke oft bis zum Handgemenge.
Ihr beyde, sprach ich, seyd zwar gleich
schön, aber ich liebe keine. Entfernet
euch, Mädchen, schlichtet den Zwist, en=
diget euer Streiten! Ich liebe ein andres
Mädchen, dies will ich besuchen. Hier
in der Nähe, versetzten sie, ist kein schö=
nes Mädchen, und du giebst vor, eine
andre zu lieben? Dies ist offenbar falsch, —
oder schwöre, daß dich keine von uns rüh=
re! Wie, mit Gewalt zwingt ihr mich
zum Eide? rief ich hier lachend aus. Nur
eben, war ihre Antwort, fanden wir be=

queme

queme Zeit, herunter zu kommen, wir
treffen dich an, und nun stehest du hier,
unsrer zu spotten? Nein, wir lassen dich
nicht fort; du sollst unsre feste Hofnung
nicht täuschen, und mit diesen Worten be-
mächtigten sie sich meiner. Welch ein süß-
ser Zwang für mich! — Bis hieher gehe
die Erzählung mit Anstand für ieden Zu-
hörer; von dem weitren Erfolge sey kürz-
lich so viel gemeldet — keine von ihnen
ward durch mich betrübet; ich fand ein
Brautbette, zwar wie es der Zufall gab,
doch es diente zu seinem Gebrauche.

3.

Philoplatanus an den Anthökomes.

Voll Vergnügen schmaußten wir in Li=
monens Gesellschaft in einem wollüstigen,
ganz der Schönheit der Geliebten würdi=
gen Garten. Ein weit ausgebreiteter,
schattichter Ahorn, ein sanfter Wind, und
weiches Gras, das im Sommer wächst,
waren hier vorhanden. Wir lagerten uns
auf die Flur, die den kostbarsten Teppi=
chen glich; eine Menge Bäume mit rei=
fenden Früchten — Birnen und Grana=
ten, und stolzbeladene Aepfelbäume, nach
der Sprache Homers — standen in der

Nähe;

Nähe; des Herbstes Nymphen ist der Platz geheiliget. Nahe standen uns diese, und andre Bäume mehr; vom besten Wuchse sind ihre Aeste, und reich an Früchten aller Arten, mit balsamischen Düften diesen reizenden Ort zu erfüllen. Da pflückt ich von ihnen ein Blatt ab, und rieb es mit den Fingern, ich roch daran, und athmete in langen Zügen süße Gerüche ein. Stark aufgeschoßne, hohe Reben schlingen sich um Cypressen; wir mußten recht den Hals zurücke beugen, die Trauben zu betrachten, die an ihnen im Kreise herum hiengen. Einige stehn in voller Reife, andre beginnen sich zu

bräu-

bräunen; hier stehen noch herbe, dort
manche in der ersten Blüthe. Zu den zei-
tigen kletterte ein Winzer hinauf; weit
genug über das Erdreich erhoben, hielt
ein andrer mit der linken Hand am
Stamme sich feste, stand auf den Zwei-
gen und schnitt die Trauben mit der Rechten
ab; ein dritter reichte dort seinem Mit-
arbeiter, dem Greise, die Hand vom
Baume herunter. Eine angenehme Quelle des frischesten Wassers — so konnte
man es am Fuße spüren — floß unter
dem Ahorne vorbey, so klar, daß es
deutlich iedes unsrer Glieder verrieth, als
wir darinnen schwammen, und in seiner

kleinen,

kleinen, durchſichtigen Fluth uns entzückt umarmten. Dennoch weiß ich es, wie oft die Gleichheit der Aepfel mit dem Buſen der Schönen meine Sinne täuſchte. Ein Apfel ſchwamm in den Wellen zwiſchen uns beyden durch; ich ergriff ihn mit der Hand und glaubte an ihm meines Mädchens vollen Buſen zu finden. — Schön iſt die Quelle, bey ihren Nymphen ſchwör' ichs! ſchön zwar an ſich ſelbſt, aber lieblicher noch ſchien ſie mir, durch wohlriechende Kräuter, und Limonens Glieder geſchmücket, deren bezauberndes Geſichte, dennoch, wenn ſie das Kleid ablegt, bey dem Glanz der geheimern Reize

zu verschwinden scheinet. Schön ist die
Quelle, und gelinde Zephyrs Wehen, daß
die quälende Hitze der Jahrszeit mildert,
und zum Schlummer mit leisem Gelispele
locket. Von den Bäumen, sammlet' er
eine Menge Wohlgerüche, und führte sie
dem Balsam meiner Geliebten entgegen.
Da vereinigten sich die süßen Düfte, und
gleich war fast ihre Treflichkeit; aber doch,
so däucht' es mir, behielt der Balsam
in etwas den Preis — denn der Balsam
war Limonens. Auch stimmte der Lüfte
Säuseln harmonisch ins tönende Chor der
Heuschrecken, und machte selbst den schwü-
len Mittag erträglich, und reizend sangen
die

die Nachtigallen, die das Waſſer umflo-
gen. Mehr andre lieblich ſingende Vögel
hörten wir recht wie geſellig, durch ihre
Muſik ſich mit uns Menſchen unterhalten;
Noch glaub' ich ſie vor Augen zu haben:
der ruht auf den Felß, und zieht die Füße
wechſelsweiſe an ſich; Iener zupft an ſeinem Gefieder; der putzt ſich; der nimmt
etwas aus dem Waſſer, und der bückt ſich
zur Erde, ein Körngen aufzuheben, —
indeß, daß wir von ihnen mit leiſer
Stimme ſprachen, damit ſie nicht fort-
flögen, und wir uns des Anblicks dieſer
kleinen Geſchöpfe beraubten. Aber das
größte Vergnügen, bey den Grazien! war

folgen-

folgendes. Ein Wasserleiter öfnete in Eile
mit dem Karste dem Kanale durch Beete
und Bäume den Lauf, auf dem ein Sklave
von ferne Becher, voll köstlichen Geträn-
kes hurtig fortschwimmen lies, nicht alle
auf einmal, sondern einen von dem andern durch einen kleinen Zwischenraum ab-
gesondert. Jeder dieser Becher, welche
gleich Fahrzeugen nach der Reihe dahin
schifften, trug aufrechts ein Blatt der
Medischen Blume; dies diente ihnen auf
der Reise zu uns zum Seegel. Von ge-
lindem, unstürmischen Lüftgen regieret,
schnell wie Schiffe mit günstigem Winde,
landeten sie so mit ihrer süßen Ladung bey
der

der Gesellschaft, ämsig hebten wir jeden
herbeyeilenden Becher heraus, so wie er
zu gleichen Theilen gehörig gemischt war.
Dann der kluge Mundschenke goß mit
Fleiß dem Weine um so viel heiße=
res Wasser, als sonst, zu, als der unge=
mein frische Strom den schwimmenden
Trank abkühlen mußte, damit bloß die
zu starke Hitze verringert würde, und
die nöthige Maaße übrig bliebe. — Und
so verstrich unsre ganze Zeit in Bacchus
und Aphroditens Gesellschaft, die wir
beym Becher vereint, voll Freude be=
sangen. Limone hatte ihr Haupt mit
Blumen gleichsam zu einer blühenden
Flur

Flur (*) gemacht; ein niedlicher Kranz, leicht fähig, die Horen selbst zu schmücken, und den Rosen ein lebhafteres Roth, zur Zeit ihrer Blüte, zu geben. — Komm auch du, mein Theuerster, an diesen Ort, er gehört dem schönen Phyllion; und genieße, bester Anthokomes, mit Myrtale, deiner Geliebten, ein gleiches Vergnügen.

4.

Philochorus an den Polyänus.

Mit dreistem Blicke sprach jüngst der schöne Hippias, aus dem Alopecischem Stamme

(*) Ein Wortspiel der Urschrift mit dem Namen Limone, und λειμων, eine Flur.

Stamme zu mir: Siehst du iene dort,
Freund, die die Hand auf ihre Sklavinn
stützt? Wie schlank, wie schön, und niedlich ist sie? Bey den Göttern! ein reizendes Mädchen, so viel ich beym ersten Anblicke in der Eile schließen kann. —
Komm, wir wollen uns nähern, und die
Schöne auf die Probe stellen. Das Kleid
von Purpur, sprach ich, scheint mir ein
tugendhaftes Mädchen zu verrathen; ich
fürchte, unser Versuch ist zu übereilt; wir
wollen es genauer erwägen, in mißlichen
Umständen weiß ich mir sehr schlecht zu ra-
then. Mit einem bestrafenden Lächeln,
mit ausgestreckter Hand, in der Stellung,

mir

mir einen Backenstreich zu versetzen, gab
mir Hippias diesen Verweis zur Antwort:
Blöde bist du beym Apoll! und gänzlich
in Aphroditens Lehren fremde. So ge-
putzt, so munter gegen Leute, die ihr
begegnen, würde eine Spröde um diese
Stunde nicht so mitten durch die Stadt
gehen. Spürst du nicht schon in der Ferne, wie sie von Balsam düftet? Hörtest
du den Schall der wohlklingenden Armringe
nicht, die sie unvermerkt so reizend er-
schüttert, dergleichen die Mädgen zu erregen pflegen, wenn sie die Hand mit Fleiß
an sich ziehen, und die Falten des Schoßes
mit den Fingerspitzen fassen, die Jünglinge

durch

durch dieſes verliebte Zeichen an ſich zu locken? Ich wandte mich, fuhr er fort, mit
mir wandte ſie ſich zugleich. Aus den
Klauen erkenn' ich den Löwen; fort, Phi-
lochorus! beleidigen wird ſie uns nicht —
die Ausſichten ſind gut — es wird ſich
zeigen, ſprach jener, der den Fluß voran
durchwadete — willſt du, ſo iſt die gewiſſe
Erwartung leichtlich erfüllt. Er trat nä-
her und grüßte ſie; man erwiederte den
Gruß — itzt fragte er: Bey deinen Reizen! Schöne, wirſt du es uns vergönnen,
einen Augenblick deinetwegen mit deiner
Sklavinn zu ſprechen? Nichts, was dir
unbekannt wäre, ſoll das Geſpräche be-

C   treffen;

treffen; ohne Belohnung verlangen wir
keine Gefälligkeit. Deine eigne Forde-
rung soll unsre Erkänntlichkeit bestimmen,
und mäßig wird sie seyn, dies wissen wir.
Ergieb dich, holdes Mädchen! so müsse
dein jugendlicher Busen blühen! — Lieblich verriethen gefällige Augen ihre innre
Bewilligung; verstellend täuschte ihr Ver-
sprechen nicht. Sie stand da, und erröthete, einnehmend und süße warf sie den
Blick auf uns; so pflegt der Strahl des
reinsten Goldes zu glänzen. Itzt kehrte
sich Hippias gegen mich, und sprach: Wie
ich glaube, so war meine Muthmaßung
von der Denkungsart des Mädchens nicht

unge-

ungereimt. Schnell, ohne viele Zeit, viele Worte zu verschwenden, hab' ich sie überredet; aber du bist in diesen Sachen noch unerfahren. Doch, folge mir, und lerne, und theile mit deinem Lehrer in der Liebe sein Vergnügen, dann in dieser Kunst behaupte ich gegen jeden, er sey auch, wer er wolle, den Vorzug.

5.

Alciphron an den Lucian.

Als das allgemeine Fest in der Vorstadt vom ganzen Volke durchgehends, mit reichen Gastmählern begangen wurde, bat Charidemus seine Freunde zum Schmause

zu sich. Unter diesen befand sich auch eine
gewisse Frau, den Namen brauch ich nicht
zu sagen — die Charidem. — du weißt,
wie verliebt der Jüngling ist — auf dem
Marktplatze erblickt, und schlau bey der
Mahlzeit sich einzufinden, beredet hatte.
Schon waren alle Gäste versammlet, als
unser wackre Wirth in Begleitung eines
Alten, den er nebst uns eingeladen hatte,
hereintrat. Die Schöne sah ihn von ferne
kommen; schnell verbarg sie sich, und floh
mit der größten Geschwindigkeit in ein
nahes Haus. Dort ließ sie Charidemen
ruffen und sagte: Unwissender Weise hast
du das größte Unglück angerichtet. — die-

ser

ser Alte ist mein Mann. Mein Kleid, welches ich ablegte, und darinnen ließ, hat er leichtlich erkannt, und nun ist er ganz natürlich von Argwohn erfüllt. Doch, wirst du mir selbiges insgeheim, nebst etwas von den Speisen, zustellen, so will ich ihn hintergehen, und seine Gedanken, die ihn nun gegen mich aufbringen, auf die andre Seite lenken. Dies geschah; sie begab sich nach Hause, und kam ihrem Gatten, dem sie glücklich auszuweichen wußte, noch zuvor. Hier mahnt sie eine benachbarte Freundinn zu sich, und verabredete es mit ihr, wie sie beyde den Alten täuschen wollten. Sogleich

kam

kam dieser, und stürzte, schnaubend für
Zorn, und mit Geschrey herein. Unkeu-
sches Weib, rief er, ungestraft sollst du
mein Bette nicht entehren! — Die Klei-
der, die er gesehen hatte, waren sein Beweis des Ehebruchs, und schon suchte er
wüthend nach dem Schwerde. Eben er-
schien itzt zur rechten Zeit die Nachbarinn;
nimm dein Kleid zurücke, liebste Freundinn, sprach sie, ich danke dir sehr dafür.
Dem Schmaus hab' ich beygewohnet;
aber, bey den Göttern! allzu glänzend
war er nicht. Hier hast du auch etwas
von dem, was man uns vorsetzte. —
Bey diesen Worten erholte sich der erboßte

Greis,

Greis, die Hitze verschwand, und sein Zorn endigte sich auf den Verdacht in eine solche Sanftmuth, daß er umgekehrt sich bey der Gattinn entschuldigte. Vergieb mir, sagte er, mein liebes Weib; ich gestehe es, ich war aufgebracht, doch eine gütige Gottheit schickte deiner Keuschheit zu Steuer, menschenfreundlich diese Nachbarinn zu unsrem gemeinschaftlichen Besten her, und rettete uns beyde durch ihre unvermuthete Ankunft.

6.

6.

Hermokrates an den Euphorion.

Zu seiner Amme sprach ein Mädchen:
Wirst du mir erst schwören, was ich dir
auch sage, geheim zu halten; so will ich
dirs auf der Stelle entdecken. Die Amme
schwur; sogleich sprach das Mädchen: die
Wahrheit dir zu gestehen, meine Unschuld
ist dahin. — Schnell erhub die Alte ein
Geschrey, zerfleischte ihre Wangen, und
beiammerte kläglich den Vorfall. Bey
den Göttern! Sophrone, schweig! erwiederte die iunge Schöne; sey ruhig,
sonst möcht' uns iemand im Hause belau-
schen,

schen, und unvermerkt deine Rede auf-
fangen. Ach! schwurst du nicht erst, mich
durchaus niemanden zu verrathen? Wes-
wegen, liebste Freundinn, ruffst du nun
so heftig, und laut? — Mutter, bey
Dianen schwör' ich's! so stark ich auch für
Liebe brannte, so bestrebt' ich mich doch,
aus allen Kräften, in den gehörigen
Schranken zu bleiben. Aber — schwach
waren sie, und immer befanden sich meine
Gesinnungen getheilet. Soll ich, so dacht'
ich bey mir selbst, der Liebe Macht gehorchen, oder dies zärtliche Verlangen be-
kämpfen? Beyde Vorstellungen hatten
mich gleich eingenommen; stärker neigt' ich

mich

mich endlich auf eine Seite — zur Liebe.
Die Unentschlossenheit gab ihr Gedeyen;
wie eine Pflanze im Erdreich, wuchs sie
mächtig in meiner Seele auf; so ward ich,
ich gesteh' es, von der unbesiegten Fackel
bezwungen. — Mein Kind, sagte die
Alte, zwar ist dies Unglück sehr traurig,
und du hast meine grauen Haare beschim-
pfet, doch, da nichts das Geschehne än-
dern kann, so höre itzt meine späte Warnung. Verlasse diese Aufführung, und
hüte dich für weitern Fehltritten, sonst
dürfte die Veränderung deiner Gestalt
beym weitern Fortgange des Handels,
und die Zeit selbst deine That den Eltern

deutlich

deutlich entdecken. — Möchten doch die Götter schleunig, eh' es ruchbar würde, deine Verheirathung beschließen! Schon hast du das rechte Alter, und nicht lange, so wird dein Vater das Geld zum Brautschatze nöthig haben. — Wie Mutter? eben dies fürchte ich am allermeisten. — Keine Furcht, Kind! mein Unterricht wird dich alsdenn in Stand setzen, deinen Bräutigam nichts in dem Besitze deiner Reizungen vermissen zu lassen.

7.

Kyrtion an den Diktys.

Am Ufer stand ich auf einem Felsen, und machte einen vortreflichen Fisch los, der sich am Angel gefangen hatte, und die Ruthe durch sein Gewichte krümmte; da näherte sich mir ein Mädchen, reizend von Gesicht, in natürlicher Schönheit, schön, wie eine für sich entsproßne Blume. — Eine andre Beute, so sprach ich bey mir selbst, weit besser, als die erste, hat sich gefunden. — Bey deinem Neptun! sagte sie, hüte mein Kleid, indeß, daß ich mich in den Wellen bade. Mit auf-

richtigem

richtigem Vergnügen, voll Freude gewährt'
ich ihr die Bitte — denn itzt sollt' ich sie
entkleidet erblicken. — Das letzte Gewand war abgelegt; da staunt' ich, ganz
bey dem Glanze ihrer Glieder entzückt.
Ein weisser Hals, und Wangen von Purpur leuchteten aus dem langem, schwarzem
Haare hervor, Farben, schon lebhaft von
Natur, und blühender hierdurch die Verbindung mit der Schwärze. Nun hüpfte
sie ins Meer, und schwamm — denn ruhig und heiter war die Fluth — die weisse
Farbe ihres Körpers glich dem Schaume
der Welle, die sie umfloß. Bey den Liebesgöttern! hätt' ich sie nicht zuvor gese-

hen,

hen, ich glaubte, eine der berühmten
Nereiden zu schauen. Als sie aufhörte,
sich in der See zu baden — o, du sprächst
beym Anblicke des Mädchens, das aus
den Wellen empor stieg: So schildern die
Mahler Aphroditen, wie sie reizend aus
dem Meere hervor geht. Schnell eilt' ich
herbey, und reichte der Schöne das Kleid,
und wagte bey dieser Annäherung meine
Versuche. Allein, spröde war das Mädchen, so schien es, und grausam; zornig
erröthete sie, und schöner ward ihr Gesicht im Zorne, lieblich war noch voll Unwillen, ihr Auge, wie das Feuer der Gestirne, mehr glänzend, als entflammt.

Sie

Sie zerbrach die Angelruthe, und warf die Fische ins Meer; trostlos stand ich da. Ich beweinte den Verlust meines Fanges; noch mehr die Schöne, die mir entgangen war.

8.

Echepolus an den Melesippus.

Ha, welcher Anstand! Welche Kunst im Reuten! Wie gleich fertig gebraucht dieser Jüngling zu Pferd beyde Hände! Wie groß ist seine Schönheit, seine Schnelligkeit! Ihn hat die Liebe, so scheint es, nicht bezwungen; Adonis selbst ist er, und Buhlerinnen schmachten um ihn. — So

sprach

sprach ich; der brave Jüngling hört' es;
dies war sein Verweis: Ungereimt ist deine
Rede, und eigentlich trift sie mich nicht.
Amor allein verstcht diese Kunst am be=
sten; mich selbst, und durch mich lenkt er
so hurtig das Pferd; er spornt es gewal=
tig im Rennen, und treibt es schärfer
an.' — Freund, befördre also meinen
Lauf, und schmeichle durch verliebte Ge=
sänge dem Amor. So sang ich ihm nun
aus dem Stegreife dies Lied vor, dessen
Innhalt von ihm hergenommen war:
Billig, mein Gebieter, glaubt' ich dich,
nach meinem Beyspiele im Reuten, von
jenem Pfeile frey; aber quält dich, auch

bey

bey solcher Schönheit die Liebe, bey Aphroditen! so handeln die Liebesgötter ungerecht. Doch kränke dich deswegen nicht
zu sehr; sie verwundeten ia ihre eigne
Mutter.

9.

Stesichorus an den Eratosthenes.

Eine Schöne gieng auf dem öffentlichen
Marktplatze; zur Seite befand sich ihr
Gatte, und rings umher war sie von einer Anzahl Bedienten umgeben. Sie sah
ihren Geliebten sich nähern, plötzlich er-
denkt sie bey dessen Erblickung eine besondre
List, ihn mit Anstand berühren zu kön-

D   nen,

nen, vielleicht gar sprechen zu hören.
Sie strauchelte also, dem Scheine nach,
und sank auf das Knie; der Jüngling,
welcher der Geliebten Absicht, als wär' es
abgeredet, unterstützte, reicht' ihr die
Hand, faßt' ihre Rechte, und hub sie
vom Falle auf; um ihre Finger schlang
er die seinigen, und beyder Hände zitter=
ten, wie ich glaube, für Liebe. Zum Troste
bey diesem verstelltem Zufalle, sprach er
mit ihr, so zärtlich, als er sonsten pflegte,
und heimlich, wie für Schmerzen, führte
sie die Hand zum Munde, und küßte die
Finger, die er berührt hatte. Zärtlich
hielt sie sie für die Augen, und trocknete

von

von ihnen — sie rieb sie nicht umsonst —

eine heuchlerische Thräne ab.

10.

Eratoklea an Dionysis.

Akontius freyte Cydippen; schön war
der Jüngling, schön das Mädchen, denn
richtig ist das alte Sprichwort, daß gleiches zu gleichen, so will es die Vorsehung,
sich immer gerne geselle. Sie hatte Venus mit allen ihren Reizungen ausgeschmücket, den zaubrischen Gürtel nur
behielt die Göttinn zurücke; er allein blieb
ihr Vorzug vor dem Mädchen. Nicht
drey Grazien, welche Hesiodus singt, —

D 2   hundert

hundert umtanzten ihre Blicke; und Augen, heiter, wie seine Schönheit, und
ernst, wie seine Tugend, waren des Jünglings Zierde, nebst der blühenden Röthe,
die die Natur auf seinen Wangen verbreitet hatte. Aemsig, und mit Gedränge
betrachteten ihn die Freunde der Schönheit, wenn er zum Lehrer gieng; um ihn
sah man Marktplätze sich füllen, und
Straßen enge werden, ja, in der Ausschweifung ihrer Liebe stellten viele den Fuß
an die Stellen, die der kleine Akontius
betreten hatte. Dieser ward in Cydippen
verliebt; der Reizende, dessen Schönheit
so manchen getroffen hatte, mußte endlich
selbst

selbst einen Pfeil der Liebesgötter fühlen,
und deutlich erfahren, was die, welche er
verwundete, litten. Amor zog in dieser
Absicht die Sehne nicht gelinde an, denn
süße macht dies den Schluß; aus aller
Macht spannt' er den Bogen, und drückte
den Pfeil mit der größten Heftigkeit ab. —
Holder Jüngling! Zugleich mit der Wunde war Heyrath oder Tod — eines von
beyden — dein Gedanke. Doch Er, der
dich verwundete, der stets manch uner-
wartetes Mittel bereitet, er selbst gab
dir — vielleicht aus Achtung für deine
Schönheit — den unerhörten Anschlag
ein. Im Tempel Dianens sahst du die

Schöne

Schöne sitzen; schnell nahmst du aus dem Garten der Venus einen cydonischen Apfel, schriebst rings um ihn her die täuschenden Worte, und rolltest ihn unvermerkt vor der Sklavinn Füße hin. Erstaunt über seine Größe und Farbe, hebte ihn diese auf, ungewiß, welches Mädchen nachlässig ihn vom Busen verloren habe. Apfel, sprach sie, bist du vielleicht ein geheiligtes Geschenke? — Was für Buchstaben sind rings um dich eingegraben? Was mögen sie bedeuten? — Nimm diesen Apfel, meine Gebieterinn; nie sah ich vorhin seines gleichen. Welche seltne Größe! Wie brennend ist seine Farbe! Wie gleicht ihre

Röthe

Röthe den Rosen! — O, welch ein lieblicher Geruch! Wie erquift er nicht schon
von weiten! — Sprich, Theuerste, was
will diese Umschrift sagen? — Die Schöne nahm ihn, folgte der Schrift mit ihren
Blicken, und las diese Worte her: Bey
Dianen schwör' ichs! Akontius wird
mein Gatte. Noch sprach sie den
Schwur — zwar den erschlichnen, unäch-
ten Schwur — aus, da warf sie beschämt
das Werkzeug der zärtlichen List von sich,
und halb ausgesprochen brach sie das Wort
ab, das zuletzt stand, dann es erwähnte
der Vermählung, bey welcher ein sprödes
Mädchen, spräch' es auch eine andre Per-

$\mathfrak{D}$ 4   son

son aus, erröthet. Die Farbe ihres Gesichtes stieg so sehr, daß sie eine Flur von Rosen in ihren Wangen zu besitzen schien, deren Roth den Lippen nichts nachgab. — Die Schöne hatte den Eid ausgesprochen, Diana ihn gehört; die iungfräuliche Göttinn selbst nahm Theil, Akontius, an deiner Verbindung, ihr Beystand sollte dereinst deine Verzweiflung enden. — Aber gleich schwehr ist es, den aufgebrachten Sturm der Meereswogen — und der Liebe zu lenken; nur Thränen, keinen Schlaf führten die Nächte dem Jünglinge zu; beschämt, bey Tage zu weinen, versparr' er sie bis dorthin. Abgezehrt am Körper, die Farbe

für

für Gram erbleicht, mit ödem, erstorbnen
Auge, scheut' er den Anblick seines Vaters! er floh ihn, und eilte unter allerley
Vorwand auf sein Feldstück. Ihn nannte
die feinere Zahl der Freunde Laertes, und
glaubte, ein Landmann wäre aus dem
Jünglinge geworden. Aber kein Wein-
berg, kein Karst beschäftigte Akontius;
nur unter den Buchen, und Ulmen saß
er, und redete sie also an: O, möchtet
ihr Bäume doch Vernunft und Sprache
besitzen, nur dies allein: Schön ist Cydippe — zu sagen! Möchtet ihr auf
euren Rinden so viele Buchstaben eingegraben tragen, als man braucht, Cy-

D 5   dippen

dippen reizend zu nennen! — Reizend;
Geliebte, und gleich dem Schwure getreu will ich schnelle dich nennen; Diana
drücke, dich zu töden, den rächenden Pfeil
nicht ab! Der Deckel müsse auf ihrem
Köcher bleiben! — Ich! Unglücklicher!
warum stürzt' ich dich in diese Gefahr?
Heftig soll ia die Göttinn über iedes Ver-
gehen zürnen, vorzüglich aber die, welche
den Eid verletzen, mit der größten Stren-
ge bestrafen. Möchtest du doch also, o,
möchtest du getreu dem Schwure, wie ich
erst wünschte, seyn! Und trüge sichs auch
zu — doch ich will es nicht aussprechen —
noch dann sey dir Diana, die keusche

Göt-

Göttinn, gnädig! Nicht du;; der; welcher dich zum Meineide bewog., ist der
Strafe schuldig. Deine Aufmerksamkeit
nur auf iene Schrift wünsch' ich noch zu
erfahren, dann will ich meinen Geist aus
deinem feurigen Orkane losreißen, und
mein Blut nicht mehr schonen, als Was-
fer, das schlechtweg verschüttet wird. —
Geliebte Bäume, ihr Sitze lieblich fin-
gender Vögel; ist etwann dergleichen Liebe
auch unter euch? Liebt vielleicht die Cypresse die Fichte, oder sonst ein Geschlecht
das andre? — Nein, warlich! dies glaub'
ich nicht. Eure Zweige würden nicht
bloß das Laub verlieren, und die Liebe

euch

euch Haar und Zierde rauben; zu Stamm
und Wurzel hindurch würde sie mit ihrer
Fackel bringen. So sprach Akontius, der
Jüngling; zugleich mit dem Körper
schmachtete sein Geist dahin. — Unter=
dessen ward Cydippens Vermählung mit
einem andern veranstaltet. Mädchen,
geübt in der Tonkunst, sangen mit holder
Stimme vor der Brautkammer den Hy=
menäus, Sappho's reizendes Lied, —
doch plötzlich erkrankte die Schöne, und
für die Heimführung der Braut, bereite=
ten sich die Eltern zum Leichenbegängniß=
se. Unvermuthet ward sie gesund; man
schmückte zum zweytenmale das Braut=

bette,

bette, — als auf ein Zeichen des Schick-
sals, erkrankte sie wieder, und eben dieses
begegnete zum drittenmale dem Mädchen.
Die vierte Krankheit erwartete itzt der
Vater nicht mehr, sondern forschte vom
Pythischen Orakel, welche Gottheit der
Tochter Verheirathung hindre. Da lehrt'
ihn Apoll alles deutlich, den Jüngling,
den Apfel, den Eid — und Dianens
Zorn; und rieth ihm, eilig den Schwur
das Mädchen halten zu lassen. Wirst du,
sprach er noch, Cydippen mit Akontius
verbinden, so vermengst du nicht Bley mit
Silber; von beyden Seiten wird die Ehe
gölden seyn. Dies war der Ausspruch des

weissa-

weissagenden Gottes, zugleich mit ihm
ward durch die Vermählung der Schwur
erfüllet. Der Braut Gespielinnen sangen den vollen Gesang der Hochzeit, den
nichts weiter aufschob, keine Krankheit
mehr unterbrach. Die Vorsteherinn des
Chores blickte auf die, so im Singen sich
verirrte, schlug mit der Hand den Takt,
und brächte sie geschickt in den Ton zurücke.
Ein andrer klatschte zu den Liedern, und
mit geschloßnen Fingern schlug er die rechte
Hand abwärts in die Höhlung der Linken,
einen angenehmen Schall, gleich Cym-
beln, hierdurch zu erregen. Doch alles
schien dem Jünglinge nur zu verzögern;

keinen

keinen längern Tag, als diesen, glaubt er, gesehn zu haben, und kürzer keine Nacht. Sie würde er nicht um Midas Gold vertauschet, nicht Tantalus Schätze der Schönen gleich geachtet haben; hierinnen stimmen mir alle bey, die in der Liebe nicht gänzlich fremde sind; bloß dem verzeiht man den Widerspruch, der sie nicht fühlt. Ein Augenblick nur, so war sein Sieg entschieden, und der ruhige Genuß des Vergnügens für die Zukunft ihm gesichert. — Inzwischen brannten im Hause Fakeln von Weihrauch; sie brannten, und räucherten zugleich, und verbanden ihren Schein mit Wohlgeruche. — Zwar hatten vorhin die

Mädchen

Mädchen einen starken Vorzug vor den Frauen, als Cydippe unter ihrer Zahl war, denn der Preis der Schönheit war die ihrige; aber itzt müssen die Mädchen weichen, da die neue Gattinn in der Reihe der Frauen stehet, so sehr hat die Natur an ieder Stelle ihren seltnen Reizungen den Vorrang ertheilet. — Wie die Goldpflanze sich an ihr Metall heftet, so innig vereinte sie sich mit dem iungen Geliebten; beyder glänzende Blicke labten sich an ihren gegenseitigen Trefflichkeiten — so strahlen Gestirne heitrer ihr Licht einander entgegen.

II.

II.

Philostratus an den Evagoras.

So ungefähr fragte eine Schöne ihre Sklavinn: Bey den Grazien! sprich, was hältst du von dem Jünglinge, den ich liebe? Wie mich dünkt, so ist er schön; doch vielleicht irre ich aus Zärtlichkeit in diesem Urtheile, vielleicht täuscht die Liebe mein Gesicht. Sage mir auch dies, was die Mädchen sprechen, die ihn betrachten. Rühmen sie seine Schönheit, oder tadeln sie ihn, und wenden sich von diesem Anblicke weg? Mit verführerischen Schmeicheln gegen ihre Gebieterinn versetzte diese:

E   Bey

Bey Dianen! schon hört' ich viele Schönen, ich selbst hörte sie, und stand ihnen
zur Seite, von dem Jünglinge also sprechen: Welch ein reizender iunger Mensch!
Wie vollkommen hat nicht die Natur seine
Schönheit ausgebildet! Nach ihm, nicht
nach Alcibiades Muster sollte man die
Liebesgötter bilden. — Bey den Horen!
eine niedliche Gestalt! Wie einnehmend
läßt ihm seiner Reizungen Bewußtseyn!
Nicht stolzer Uebermuth ist es, nein, edler
Anstand und Würde. Angenehm ist schon
die sanfte Beugung seiner Nase, angenehm auch sein Haar; schön an sich selbst,
verschönert sichs noch, indem es die Stirne
umschließt,

umschließt, und am Ohre zum zarten
Keime der Wangen sich herabsenkt. Sein
leichtes Kleidgen — ha! welche Farben
führt dies? Es bleibt nicht auf einer alleine; schillernd wechselt es ab. — O,
dürften wir uns diesen Geliebten wünschen, den Jüngling, in der ersten Blüthe seiner Jahre! Glückliches Mädchen,
die ihn besitzt, ihn liebt, und mit gleicher
Liebe belohnt wird! Glückliches Mädchen,
die an seiner Seite ruht, auf seinem Lager sich dem Entzücken überläßt, und frey
sich an seiner Schönheit weidet! Sie haben die Grazien mit günstigerm Auge an-
geblickt — kurz, alle schienen mir den

Jüng-

Jüngling sogleich zu lieben. — Dies
Zeugnis ergötzte die Schöne; bey iedem
Worte verwandelte sie für Vergnügen die
Farbe, und glaubte, nach dem Sprichworte, mit dem Haupte den Himmel zu
berühren. Itzt war sie überzeugt, daß
der Jüngling schön sey, dann auch die
Mädchen halten sich selbst alsdenn für
schön, wenn man beym Anblicke sie rüh-
met — sie bewundert, und liebt.

12.

Evemerus an den Leucippus.

Wer hat wohl der Morgenländer
Schönen gesehen? Wer die Abendländi-
schen

schen Mädchen besucht? — Jede zärtliche Mädchenfreunde mögen von allen
Enden zur Beurtheilung meiner Kallicoete
herbey kommen — und aufrichtig gestehen, ob sie irgendwo eine so sehenswür-
dige Schönheit kennen lernten. Wohin
man an ihr das Auge richtet, da stößt es
auf Schönheiten, da eilen Schönheiten
ihm entgegen. An ihr verfehlte selbst
Momus seinen Endzweck; und seufzt für
Unwillen und Schmerzen. Erstaunt be-
wundr' ich ihren Wuchs, ihre Anmuth,
bis auf den Fuß erstreckt sich meine Bewundrung; ist dieser von Natur niedlich
gebildet, so weiß er Mädchen, auch ohne

E 3   andern

anbern Puß, zu schmücken — und mit
Lust bemerk' ich ihre Sitten, die genau
der Gestalt entsprechen. Zwar ward Pythias der Stand einer Buhlerinn zu Theile, aber Aufrichtigkeit, und ein Charakter
ohne Tadel ist ursprünglich ihr eigen; lauter Eigenschaften, die eine Lebensart von
beßrer Würde verdienen. Vorzüglich hat
mich ihr unschuldsvolles Betragen eingenommen; sie ist mit iedem Geschenke, das
man ihr macht, vergnügt, wider die Art
der Buhlerinnen; die alles sonst, womit
man sie beschenket, als Kleinigkeiten betrachten. Wie ein Vögelchen bey dem andern, so stecken wir immer beysammen.

Wie

Wie soll ich weiter, zu den süßen Geheimnissen Aphroditens, fortgehen? — genung,
ihre Weigerungen sind gerade nur so stark,
die Wünsche durch den Verzug dringender
zu machen. — Ambrosia düftet ihr Hals,
süße ist ihr Athem — ob er Früchten,
oder Rosen, mit Weine vermengt, gleiche,
dies magst du bey ihrem Kusse selbst ent-
scheiden. — An ihren reizenden Busen legt'
ich mein Haupt, blieb wachend, und küßte
das schlagende Herz — ein Beweis (*),
daß nicht bloß ein einziger Weg, wie Je-

E 4

mand

(*) Ich gestehe es, daß ich in den folgenden keinen deutlichen Zusammenhang
der Gedanken entdecken kann. Vielleicht hat die Urschrift hier durch die
Abschreiber gelitten.

mand behauptete, die Liebe zu dem Ziele
der Wolluſt führe. — Ungeſtalte Mädchen ſind aller Liebreize entblößet; an ihnen läßt ſich weder Anfang, noch Ende
des Vergnügens finden; — ſo iſt die
Sättigung der einzige Endzweck der Spei-
ſen, und dennoch gewähren einige Nahrung
und Luſt, da andre indeß einen vollkomm-
nen Ekel erregen. — Durch ſie iſt ieder
Tag mir heiter; eben ſo glücklich, als iene,
die man aus dem Köcher berechnete (*).
Schon oft hört' ich den Satz, daß das

Reiſen

(*) Eine Anſpielung auf die Gewohnheit
der Scythen, die glücklichen und unglücklichen Tage, nach weiſſen und ſchwarzen
Steinchen, die ſie in den Köcher warfen,
zu berechnen.

Reisen die Liebe zu vertilgen pflege; auch
im Sprichworte sagt man: schnell aus den
Augen, schnell aus dem Sinne, — aber,
bey Pythias Reizen schwör' ichs! entfernt
von ihr, verließ ich dennoch meine Zärtlichkeit gegen sie nicht; auch ist die Liebe
nach meiner Zurückkunft nicht schwächer;
die Abwesenheit vermehrte sie, und stärker
fühlt' ich ihre Sehnsucht. Dank sey es
dem Geschicke, daß es mich die Theure
nicht vergessen ließ! — Von uns könnte
ein Dichter der Liebe mit den Worten Homers sprechen:

Freudig erneuerten sie die Rechte der
    alten Umarmung.

E 5   13.

13.

Eutychobulus an Akestodorus.

Auch dieses, geliebter Freund, hat mich
die Länge der Zeit gelehret, daß alle Künste
ein glückliches Geschicke bedürfen, und dieses hinwieder durch Klugheit geleitet werde.
Ohne Mitwürkung des Geschickes sind
iene unvollkommen, und dieses wird glän-
zender, wenn es seinen würksamen Ein-
fluß mit einsichtsvollen Personen theilet.
Doch ich weiß es, iede Vorrede dünkt dem
lange, der etwas geschwinde zu hören
wünscht; ich will daher die Geschichte, ohne weitere Umstände, erzählen. Charikles,

des

des rechtschaffnen Polykles Sohn, war aus
Liebe gegen die Vertraute seines Vaters
bettlägrig. Ein verborgner Schmerz des
Körpers dient' ihm zum Vorwand; in der
That aber war sein Geist von der Krankheit der Liebe befallen. Der gütige Vater, der seinen Sohn auf das zärtlichste
liebte, ließ sogleich den Panactus herbey
kommen, einen Arzt, der diesen Namen (*) mit der That führte. Die Finger an den Puls gelegt, strengte dieser
seine Einsichten in die Wissenschaft an,
die Arbeit des nachforschenden Verstandes
blickte ihm aus den Augen — aber unmöglich.

(*) Nach dem Griechischen: der alles heilet.

möglich konnt' er eine den Aerzten be-
kannte Krankheit entdecken. Lange blieb
so dieser berühmte Mann zweifelhaft, als
von ungefähr die Schöne bey dem Jünglinge vorbey gieng. Heftig und unordent-
lich schlug itzt der Puls; bestürzt schien der
Blick, und sein Gesicht war eben so unruhig, als seine Hand. Hier lernte Panacius die Krankheit auf zweyfache Weise
kennen; was die Kunst ihm nicht auf einmal gewähren konnte, dies eröfnete ihm
deutlicher der Zufall — doch verschwiegen
hielt er das Geschenke der Vorsehung bis
auf den rechten Zeitpunkt zurücke. Sol-
chergestalt nun ward er zuerst auf diese

Ent-

Entdeckung geleitet. Bey dem zweeten
Besuche befahl er, daß iedes Mädchen,
iede Frau im Hause, bey dem Kranken,
nicht alle zugleich, sondern einzeln in einer
kleinen Entfernung von einander vorbey=
gehen sollten. Währender Zeit befühlt'
er den Puls an dessen Hand, und gab auf
diesen genauen Zeiger der Söhne Askle=
pius, den untrüglichen Wahrsager unsrer
innwendigen Beschaffenheit, sorgfältig Ach=
tung. Der zärtliche Kranke blieb bey al=
len ruhig, allein, als die Schöne, die er
liebte, sich zeigte, da ward Blick und Puls=
schlag aufs neue verändert. Dies be=
stärkte den weisen, glücklichen Arzt in sei=
nem

nem Urtheile über die Krankheit noch mehr. Er beschloß, bey dem dritten Besuche sie zu heilen, begab sich, unter dem Vorwande; das Uebel erfordre die Zubereitung einiger Arzneymittel, für diesmal wieder weg, und versprach, sie des andern Tages mitzubringen; zugleich sprach er dem Kranken mit angenehmen Hofnungen Muth ein, und beruhigte den bekümmerten Vater. Zur bestimmten Zeit war er da; der Vater, alle andre Personen begrüßten ihn als Retter, und empfingen ihn mit zärtlichen Umarmungen — als er zornig die Stimme erhob, und mit heftiger Erbitterung seine Hülfleistung aufkündigte.

digte. Innſtändig bat ihn Polykles, und forſchte nach dem Grunde dieſer Aufkündigung; erhitzt rief er nur noch lauter, und verlangte, auf der Stelle fortgelaſſen zu werden. — Dieſer verdoppelte ſein Flehen, küßte ſeine Bruſt, und berührte ſeine Kniee. Recht wie gezwungen, gab er ergrimmt die Urſache alſo an. In meine Frau iſt der Jüngling frecher Weiſe verliebt; eine ſtrafbare Sehnſucht verzehrt ihn — ſchon iſt meine Eiferſucht gegen dieſen Menſchen aufgebracht, und der Anblick deſſen, der meine Ehe zu ſchänden ſucht, fällt mir unerträglich. Polykles ward durch dieſe Nachricht von der Krank-

heit

heit seines Sohnes beschämt, er erröthete
für Panacius; doch ganz dem Triebe der
Natur überlassen, nahm er keinen Anstand — den Arzt um seine Gattinn anzuflehen: ein nothwendiges Rettungsmittel;
keinen Ehebruch, so nannt' er die That. —
Zornig fuhr ihn Panacius noch unter dieser Bitte an, mit Ausdrücken, die man
leicht von dem Unwillen über den Antrag
vermuthen kann. — aus einem Arzte Un-
terhändler eines Ehebruchs; und noch darzu mit seiner eignen Gattinn — obgleich
nicht mit ausdrücklichen Worten — zu
werden. Doch als Polykles den Mann
nochmals zu beschwören begann, nochmals
den

den Schritt ein Rettungsmittel, keinen Ehebruch hies, da verwandelte der schlaue Arzt der Sache wahre Beschaffenheit zum Scheine in einen treffenden Einwurf. Wie nun, fragte er, gesetzt, dein Sohn wär' in eine Beyschläferinn verliebt, würdest du dich überwinden können, seinen Wünschen sie zu überlassen? — Dieser versichert' es mit einem Eide — der weise Panacius fuhr fort: Wohlan, Polykles! so flehe dich selbst an, und leiste ihm die benöthigte Hülfe — eben diese Schöne liebt er. — War es billig, wie du sprachst, mein Weib einem Fremden, ihm zur Rettung, zu überlassen, so ist es noch weit

billi

billiger, daß du deinem gefährlich krankem Sohne deine Vertraute abtrittst. — Der Vortrag war glücklich eingerichtet, und treffend der Schluß — er überredete den Vater, in seiner eignen Sache der Gerechtigkeit zu gehorchen. Die Foderung ist hart, sprach Polykles erst bey sich selbst — doch, da ich unter zwey Uebeln wählen soll, so will ich das leidlichste davon ergreifen.

14.

Philomation an den Eumusus.

Keine Flöte wird ein buhlerisches Mädchen reizen, keine Leyer sie locken — wann

es

es am Gelde fehlt; Gewinnst ist unser einziger Endzweck, Gesänge rühren uns nicht.
Warum blaset ihr, Jünglinge, ins Rohr,
und zersprenget euch die Backen umsonst? —
nichts wird euch diese Musik helfen. Was
plagt ihr die armen Saiten? Was singt
ihr. Willst du, Mädchen, nicht der
Liebe fröhnen? — Was Mädchen!
Kind! — abgeschmackte Benennungen!
Ihr wißt es ja längst, daß Buhlerinnen
ohne Geld nichts einnehmend ist. — Dach-
tet ihr mich denn so leichtlich zu berücken,
als ein Mädchen, das in der Liebe ungeübt,
und in den Geheimnissen Aphroditens noch
gar nicht eingeweihet ist — mit so weniger

Mühe,

Mühe, als der Wolf ein feistes Lämmgen
im Schlafe, mich zu haschen? O, ich leb=
te bey meiner Schwester, einer alten Leh=
rerinn dieser Wissenschaft; ich gieng bey
dieser Gelegenheit mit ihren Liebhabern
um, und schien gar nicht ungelehrig zu
seyn. Schon hab' ich die buhlerische Le=
bensart ausgelernet, und meine Einsicht
geschärft; ich stehe itzt in vollkommener
Verfassung. Nach dem Gelde schätz' ich
die Liebe der Jünglinge; kein größres
Merkmahl ihrer Heftigkeit ist mir ausser
diesem bewußt. Manche, die uns mit=
einander gehen sehen, nennen uns auch oft
im Scherze das artige, gleiche Pärchen. —

Bey

Bey den Grazien! mehr als einmal hört'
ich sie ganz recht ihren Geliebten meist die=
ses sagen: Ihr liebt Schönheit, ich Geld;
gut, laßt uns ohne Kargheit unser beyder
Verlangen befriedigen! Auch ich nehme
dies Gesetze mit Beyfall an, diesen ge=
horcht, und laßt die unnützen Instrumente
liegen; von meiner Seite werdet ihr kei=
nen Anstand finden. Wo Geld ist, da
nimmt alles den schnellsten Fortgang.

15.

Aphrodisius an den Lysimachus.

Nichts ist, nach meiner Meinung, über=
redender, nichts würksamer, als die Liebe;

dies

dies wissen alle, die von ihr getroffen sind,
auch nicht einer wird mir hierinnen wi-
dersprechen. Sie ist es, die den Krieg
endigt, und Feinde zu dem dauerhaftesten
Bündnis mit einander beweget. Ja, auf-
ser den tapfersten Feldherren, den mächti-
gen Heeren, und zahlreichen Geräthe des
Krieges, besiegt iener kleine Bogenschütze
mit dem Wurfe eines geringen Pfeiles
selbst Mavors, flößet ihm Sanftmuth ein,
und verbannet die Grausamkeit. Erblickt
sonst ein Krieger seinen Gegner, so unbezwinglich er auch ist, so hält er unerschrocken ihm den Schild entgegen, und zielt
mit der Lanze; aber, erscheint Amor,

schnell

schnell wirft dann der vormals kühne Strei-
ter den Schild weg, streckt ihm die Rechte
ohne Kampf entgegen, und entweicht dem
Treffen. So kehrt er dem pfeiletragenden
Knaben den Rücken, und wagt es vor ihm
nicht, auch nur als ein feiger Krieger zu
fechten. — Schon seit langen Zeiten leb-
ten die Städte, Milet und Myus ohn'
alle Gemeinschaft unter sich; nur während
einer kurzen Frist, welche das allgemeine
Fest Dianens, die zu Milet verehret wird,
bestimmte, begaben sich die Bürger des
andern Ortes, unter öffentlichem Geleite,
dahin, und machten die Feyer zu einem
kleinem, gegenseitigen Stillstande. Ih-

rer

ter erbarmte sich Aphrodite; sie endigte
den Zwist, und ergriff zur Versöhnung diesen Anlaß. Ein Mädchen, mit Namen
Pieria, schön von Natur, und reizender
noch durch Cytheren ausgeschmücket, reiß-
te zur bestimmten Zeit von Myus nach
Milet. Die Göttinn leitete den ganzen
Plan, und so begaben sich mit der Menge des
Volkes in Dianens Tempel — die Schöne, erheitert durch die Grazien — und
Phrygius, der Stadt Beherrscher, dessen
Seele die Liebesgötter beym Anblicke des
Mädchens, der ersten in dem Zuge, sogleich verwundeten. Nicht lange, so ward
beyder Vereinigung vollzogen — um auch

zwi-

zwiſchen beyden Städten den Frieden auf
das ſchleunigſte zu knüpfen. Im zärtlichen
Taumel der Liebe, begierig, ſeiner Geliebten ein würdiges Gegengeſchenke zu machen, ſprach der Bräutigam: Holdes Kind,
möchteſt du mir doch ungeſcheut entdecken,
was mich dir am meiſten gefällig machen
könnte; gedoppelt wollt' ich mit Luſt deine
Bitte erfüllen. So der billige Geliebte;
aber, o reizendſte, gütigſte unter allen
Schönen! — kein Hals- oder Armgeſchmei-
de, kein theures Ohrengehänge, keine Ketten, kein langes, Lydiſches Kleid, kein Gewand von Purpur, keine künſtlich weben-
de Kariſche, oder Lydiſche Sklavinnen —

F 5 alles

alles Dinge, die das weibliche Geschlecht
so mächtig entzücken — nichts machte deine sanfte Klugheit irre. Wie gedankenvoll
sahst du erst zur Erde, dann sprachst du —
lieblich errötheten die Wangen; beschämt
wandte dein Blick sich seitwärts; bald be-
rührtest du mit den äusersten Fingern den
Saum des Kleides; drehtest bald am Rande des Gürtels, und streiftest den Fuß am
Boden — lauter Bewegungen einer be-
stürzten Schamhaftigkeit — endlich sprachst
du mit leiser Stimme. Vergönne, Herr,
daß ich und meine Verwandte in diese
glückliche Stadt, so oft wir wollen, sicher
kommen dürfen. — Hier merkte Phry-

gius

gius die ganze Absicht der patriotischen
Schöne, daß sie auf diese Art ihrem Va-
terlande ein Friedensbündniß mit den Mi-
lestern zu erhalten suche; königlich willigt
er darein, vollstreckte seiner Geliebten
sehnliches Verlangen, und schloß mit den
Nachbaren aus Zärtlichkeit, aufrichtiger
noch, als selbst beym Opfer, den Frieden.
Leicht ist der Mensch von Natur in glücklichen Umständen zu versöhnen; diese vermögen es, ihm den Groll unvermerkt zu
benehmen, und den Beschuldigungen durch
ihren frohen Genuß abzuhelfen. — Also,
Pieria, zeigtest du deutlich, daß Aphrodite
im Stande sey, weit größere Redner,

als

als selbst der Pylische Nestor war, zu bilden. Viele der weisesten Abgesandten von
beyden Theilen kamen oftmals, des Frie-
dens wegen, aus einer Stadt in die andre; umsonst — traurig und von Schmerz
durchdrungen, kehrten sie unverrichteter
Dinge zurücke. — Seitdem kam bey den
Jonischen Schönen mit Recht dieses ein-
heimische Sprichwort auf: O, möchte so
mein Gatte mich schätzen, wie Phrygius
einst die reizende Pieria geschätzt hat!

16.

Lamprias an den Philippides.

Eine Liebe, die ich verbergen mußte, hat= te sich meiner bemächtiget; trostlos sprach ich bey mir selbst — Niemand sonst kennet den Pfeil, der mein Herz traf, als nur du, der mir die Wunde schlug, und deine Mutter, die dich dieses so glücklich gelehrt hat. Weder Erde, noch Himmel darf ich mein Anliegen erzählen. Heftiger pflegt bey Verliebten eine Zärtlichkeit, wel= che geheim gehalten, und verschwiegen wird, zu steigen, denn ieder, dessen Geist auf irgend eine Weise gedrückt wird, er=

leichtert

leichtert die Last der Gedanken dadurch,
daß er seinen Gram herausspricht. —
Amor, ach! wie du diese Seele verwun-
detest, so triff mit gleichem Wurfe mein
Mädchen, doch triff sie gelinder, daß die
Schmerzen ihre Schönheit nicht verdun-
keln! — Plötzlich faß' ich Muth, und
begebe mich zu meiner Geliebten; sie redet
mit mir — Grazie, und süße Balsamdüf-
te begleiten ihre Worte; ihr halb verschäm-
tes Auge war mächtig, den feurigen Liebhaber ganz ausser sich selbst zu setzen. Ich
sah das äuserste von Hand und Fuß, iene
glänzende Wahrzeichen der Schönheit, sah
das niedliche Gesichte — auch erblickt ich

ein

ein nachläßig unbedecktes Theilgen des Busens. Dennoch wagt' ichs nicht, meine
Leidenschaft zu gestehen; leise seufzt' ich
mit geschloßnen Lippen — Gieb, Amor,
du kannst es, daß sie bittend mir den ersten Antrag thut, und mich selbst zu ihren
Umarmungen leitet! — Kaum hatt' ich
dies gesagt, und den vortreflichen Amor
angeruffen, da hört' er mich gütig, und
erfüllte mein Gebet. Sie ergriff meine
Hand, streichelte die Finger, deren Ge-
lenke sie sanft bewegte, und lächelte hold-
seelig mir zu; ganz schien ihr Blick meinen Wünschen günstig, sonst ernst, und
itzt auf einmal voll Zärtlichkeit. Von

der

der Liebe Begeistrung hingerissen, beugte sie meinen Hals zu sich, und küßte mich mit so innigem Entzücken, — daß sich die Lippen kaum trennten, und mein Mund wie zerrieben ward! Aus ihren halbgeöffneten Lippen strömte ein lieblicher Hauch in meine Seele hinüber, der dem Balsame von außen nichts nachgab; und dann — doch du weißt das übrige, denk es dir selbst, mein Bester, bey dir braucht es der überflüssigen Erzählung nicht. Genug, wir stritten uns die ganze Nacht durch, wer das andre an Zärtlichkeit überträfe; gebrochen entflohen uns für Lust in schmeichelnder Verttraulichkeit die Worte.

17.

17.

Xenopithes an den Demaretus.

Hartes Mädchen! Grausamer Charak=
ter! Unfreundliche Seele! Natur, min=
der noch, als wilde Thiere, gezähmet! —
Buhlerinnen kannt' ich, ich gieng mit
Sklavinnen um, und machte bey mancher
verheyratheten Schöne Versuche. Ein
Sterblicher, dient' auch ich oft jenem
Gotte, denn durch mancherley Wechsel
führt mich Amor, gleich einer Quelle,
die durch Blumengärten geleitet wird.
Glücklich, am Ziele meiner Wünsche, er=
richtete ich häufige Siegeszeichen über

G   Schö=

Schönen, und jede ward auf die ihr an-
gemeßne Weise zur Liebe bewogen; aber
von Daphniden, ich gesteh' es, ward ich
besiegt; zum ersten male wird Xenopithes
durch ein Mädchen in Verlegenheit gesetzt.
Sie ist ein Innbegriff buhlerischer Strei-
che. Sie ist zärtlich, und bezwingt sich;
man liebt sie, sie wird stolz; ungerührt
bey Schmeicheleyen, verachtet sie den Gewinnst, folgt allein ihren besondern Absichten, und opfert alles ihrem Eigensinne
auf; lächelt sie, so sitzt bloß auf dem Rande ihrer Lippen das Lächeln. Ich redete
der Grausamen zu; kein finstres Gesichte,
sprach ich, da du so reizend bist! kein um-

wölktes

wölktes Auge! würdeſt du furchtbar, dann
wärſt du minder reizend — aber nichts hal-
fen meine Worte bey ihr; umſonſt, ſie
ſchien von meinem Rathe auch nicht eine
Sylbe zu hören. — Doch dergleichen
muß beherzte Liebhaber nicht abſchrecken;
ein Tropfe Waſſer, der immerfort auffällt,
kann auch einen Felſen aushöhlen. Ver-
doppeln will ich ihr die Lockſpeiſe, und im
Angeln fortfahren, entgienge ſie dem Ha-
men auch nochmals, und zum dritten male
meine Beute feſt zu halten ſuchen. Die
Schwierigkeit, ſie zu erobern, ſoll mich
nicht beſiegen, und ich werde meinen
Fang nicht aufgeben, ſo ſchwehr das

Mäd-

Mädchen auch immer zu haschen ist.
Wachsame Sorgfalt und Arbeitsamkeit,
dies ist ja der Liebe eigen; mit der Zeit
ward das glorreiche Troia selbst von den
Atriden erobert. — So hilf mir dann itzt,
o Freund! auch du nimmst an meiner Liebe
gleichen Antheil, und treibst in den Wellen ihrer Wankelmuth. Gemein ist das
Schiff, gemein die Gefahr, so verfügt es
das Sprichwort.

18.

Kallicoete an Mirakiophilen.

Wie groß ist dein Glück, daß dir eine
Neigung zu Theile ward, die allein das

Schöne

Schöne liebt, und keinem Reichthume gegen das Vergnügen fröhnet! Mit au-
muthsvollen Liebhabern willst du dich er-
freuen! immer sind muntre, blühende
Jünglinge dein Umgang und dein Ergötzen.
Die Gesellschaft dieser Liebenswürdigen
entzückt dich, zärtlich liebst du sie, weil
sie reizend sind, und verachtest unangeneh-
me Personen so standhaft, als du andre
von gegenseitigem Werthe schätzest. Mit
schnellem Eifer suchst du denjenigen dir zu
eigen zu machen, den du irgend dieser Be-
werbung werth findest, da du hingegen
ekelhafte Greisse gänzlich, schon von ferne fliehest. Böte dir ein Alter auch Tan-

talus

talus Schätze an; du würdest dadurch sein widerliches, graues Haar nicht hinlänglich ersetzt halten, vielweniger noch bis zur letzten Stuffe des Ekels schreiten, ein veraltetes, reizloses Gesichte zu sehen, und andre Folgen abzuwarten, deren bloße Erzählung schon verdrüßlich ist, geschweige, daß man sich ihnen würklich, unter beständigem Zwange, unterwerfen sollte. Jünglinge liebst du, und dieses aus mehr, als einem Grunde. Gleich und gleich, heißt ja das alte Sprichwort, gesellt sich gerne, weil die Harmonie des Alters, die zum gleich starken Gefühle der Lust leitet, wie ich glaube, durch eben diese Uebereinstim-

mung

mung auch die Freundſchaft hervorbringt.
Iſt die Naſe eines Jünglings eingedrückt?
Du lobſt ihn, — er iſt allerliebſt; die Ha-
bichtsnaſe des andern nennſt du maieſtä-
tiſch, und an dieſem, der zwiſchen beyden
das Mittel hält; bemerkſt du das feine
Gleichmaas. — Männlichſchön heiſen dir
die Schwarzbraunen, Söhne der Götter
die Weiſſen, ia, du glaubſt, daß die Benennung der Honigfarbigten eher die
Erfindung eines andern, als deiner eignen
lebhaften Liebe ſey, die ſich die Bläſſe mit
ſchmeichelhaften Worten verbirgt, und ſie
gefällig verträgt, wenn ſie nur mit Jugend verbunden iſt. Mit einem Worte,

du

du ergreiffst ieden Vorwand, gebrauchst ieden Ausruff, um aus Zärtlichkeit keinen
Liebhaber in der Blüthe seiner Jahre zu
verschmähen; so sieht man Freunde des
Weins iede Sorte aus verschiednen Grün-
den wählen. — Ja, beym Lyäus! nur
uns selbst dürfen wir Mädchen betrachten,
so braucht man vom Genusse des Weins
kein fremdes Beyspiel.

19.

Euphronion an Thelxinoen.

Mit gütigen Augen, ich schwör' es bey
Juno! hat das Glück Melissarion, der
Aglais Tochter, gegenwärtig so sehr, als

iemals

lemals angesehen. Sie hat die Bühne
verlassen, und Name und Tracht mit ei=
ner anständigen Lebensart glücklich ver=
tauschet; ich aber — doch der Ausdruck
müsse ohne üble Bedeutung für meine Be=
freyung seyn! — ich werde beständig die
Sklavinn eines verhaßten Schauplatzes,
und undankbarer Liebhaber bleiben müs=
sen. — Sie war eine Sängerinn, und
wurde in den ersten Jahren von einer dürf=
tigen Mutter kümmerlich erzogen; doch
im Fortgange erlangte sie in ihrer Kunst
vor allen Mitgenoßinnen die größte Ge=
schicklichkeit, und übte sie, als das Thea=
ter ihr nun völlig bekannt war, ohne An=

G 5   stoß

stoß aus. Denn freylich ward sie im An=
fange verhöhnet, nachgehends aber auf eine
ausnehmende Art bewundert, ia, endlich
sogar heftig beneidet. Niemals, so weit
ich zurücke denke, verließ sie die Bühne,
ohne sich Beyfall erworben zu haben. Die
Kunst erhöhte, natürlicher Weise, ihre
Schönheit, reizender schien ihre Gestalt,
und das Feuer der Liebhaber stieg; zahl=
reicher wurden sie, und kostbarer, bey
dem Rufe solcher Fähigkeiten ihre Geschen=
ke; den reichsten nur ergab sich die theure
Schöne. (*) *** In solcher Verfas=

sung

(*) Die Stelle, die ich hier auszulassen
    gezwungen bin, müßte sich im Venette
    nicht übel ausnehmen.

fung ward fie von Charikles, einem Jünglinge, den Reichthum und Schönheit erhob, und dieser hinwiederum nicht minder
von ihr gerühret. Da bat fie der Zeugung
Götter alle um ein Pfand dieser Liebe;
und erhört ward ihre Bitte. — Zur rechten Stunde kam Ilithyia, und fie gebar
ein Knäbchen, nieblich, bey den Grazien!
dem Vater von der Natur vollkommen
ähnlich gebildet. Als ein überraschendes
glückliches Geschenke betrachtete die Mutter diesen Sohn; und nannt' ihn Euty-
chides; zärtlich, mit warmer, mütterli-
cher Zärtlichkeit liebt fie das Kind, ihr
Söhnchen, den wohlgebildeten, erwünsch-

den   ten

ten kleinen, des schönsten Vaters genaues
Ebenbild. Kinder von reizender Gestalt,
wird man finden, haben bey den Eltern
immer ein gewisses Wohlwollen zum voraus, und sind deren zwey, oder auch meh-
rere da, so ist das schönste darunter ihnen
auch das liebste. — Charikles fühlte seines Theiles die väterlichen Triebe so sehr,
daß es ihm die größte Ungerechtigkeit
schien, die Mutter solch eines kleinen
Amors noch ferner eine Buhlerinn nennen zu lassen; sogleich machte er sie von
dieser entehrenden Beschäftigung loß, nahm
die Geliebte zu seiner rechtmäßigen Gattinn, und erhöhte dadurch den Werth,

den

den sie auf den Besitz des Knäbchens ge=
legt hatte. Billig ist daher für Freude
der Mutter Auge heiter, ohne etwas durch
die Niederkunft verlohren zu haben. —
Jüngst begab ich mich in einem anständi=
gen Kleide zur Pythias — dies ist ihr
neuer Name — und bezeugte ihr über ihr
ganzes Glück meine Freude. Ich sah das
Kindchen, welches eben weinte, und küßt'
es; feurig küßt' ich es, wegen seiner Schön=
heit, aber sanfte doch, weil es zärter, als
Rosen ist; denen es an Farbe gleichet. —
Bey Ceres und Proserpinen! ich erstaune,
wie geschwind die Schöne durchgehends
sich geändert habe. Der bescheidne Blick,

das

das ordentliche Betragen, das gesetzte Lächeln, das einförmig geflochtne Haar, der Schleyer voll Erbarkeit, der leise Ton ihrer kurzen Rede, alles gereicht an ihr zur Bewundrung. Auch sah ich, o Freundinn, Arm- und Fußbänder, nicht, wie vormals, im üppigen Geschmacke geatbeitet, sondern der Würde einer freyen Person gemäß, nebst ähnlichen Halsketten und andrem Geschmelde. Begiebt sie sich aus, dann blickt sie, wie man sagt zur Erde, und geht mit gemeßnen Schritten, ein Anstand, der der Sittsamkeit eigen ist; du sprächest, sie wäre von Kindheit auf immer so gewesen. Von allen diesen un-

terhalten

terhalten ſich die Mädchen beym Wöllen-
geſpinnſte in ihren Zuſammenkünſten. So
nimm denn deinen Putz, Thelxinoe, das
Gewand von Purpur um, und beſuche ſie
gleichfalls, dieſe deine Nachbarinn; doch
hüte dich, Geliebte, daß du hierbey, von
der Gewohnheit verführt, die nunmehri-
ge Pythias nicht Meliſſarion nenneſt.
Bey Dionen! beynahe wäre mir dies begegnet, hätte nicht Glycera, die von der
Geſellſchaft war, mich unvermerkt mit
dem Arme geſchwinde geſtoſſen.

20.

Phylacides an den Phrurion.

Ein Jüngling ward im Ehebruch ergriffen, und bey mir in Ketten verwahret, seine Schönheit und Jugend bewogen mich zum Mitleid; ich nahm ihm die Fesseln ab, und ließ ihn völlig ungebunden, und beynahe ohne Aufsicht im dem Gefangenhause herum gehen. Doch er gab mir für meine Menschenliebe den rechten Lohn — er verführte meine Frau. So etwas muß nicht einmal der Dieb, Eurybates, gewagt haben. Als man diesen einzog, und bewachte, da ward er mit seiner Wach‐

ver‐

vertraut, und zeigte ihr seine Art zu stehlen; die Leute hatten eiserne Pflöcke — er ergriff sie, und kletterte damit über die Mauer; aber der entführte mir gar meine schöne Frau. Das Unglück ist überall ruchtbar; Jedermann scheint es eben so seltsam, als lächerlich, und, bey Themis! — dies Gelächter grämt mich heftiger, als der Ehebruch, daß ich, als Aufseher über die Gefangenen, als Hauptmann der Besatzung meine eigne Frau im Hause nicht zu hüten vermochte.

21.

Ariſtomenes an den Myronides.

Ein neuer Streich der Liebe, Myroni-
des, desgleichen ich noch nie vernahm! —
Architeles aus Phalerus liebt Teleſippen;
mit Mühe läßt ſie ſich bereden, mit dem
Jünglinge umzugehen, und nun ſchreibt
ſie ihm dieſe unerwartete Mäßigung vor,
Preis, ſagte ſie, ſey mein Buſen dir ge-
geben, genieße die zärtlichſten Küſſe, ja
meine Umarmungen ſelbſt. — wenn ich
bekleidet bin; nur um die letzte Gunſt be-
ſtrebe dich nicht, auch erwarte ſie nicht,
ſonſt beſtraffſt du dich ſelbſt, und verlierſt

sogar

ſogar dasjenige, was dir ſchon bewilliget
war. — Gut, es ſey, verſetzte in der
Angſt Architeles; auch mir iſt es nicht zu-
wider, wenn es dir, Teleſippe, alſo gefällt. Noch, fuhr er fort, will ich dem
Glücke danken, wenn du mich eines bloßen
Wortes, des bloßen Anblicks würdigeſt.
Dennoch wünſcht' ich, geſiel es dir, Geliebte, zu erfahren, warum du mir doch
dieſes letztere gänzlich verſageſt? — Süße,
ſprach ſie, iſt in der Erwartung der volle
Genuß der Liebe, reizend iſt er, und ein
Gegenſtand lebhafter Wünſche: man er-
langt ihn — nun wird er verachtet; auf
einmal entſchlägt man ſich des längſt ge-

ſuchten

suchten Gutes, und vernachläſſigt es voll
Eckel, dann flüchtig ſind der Jünglinge
Neigungen, und oftmals einander ſelbſt
entgegen. — Solch einem Mädchen iſt
der arme Liebhaber unterworfen! ſo unglücklich iſt Architeles! Wie ein Verſchnit-
tener, der mit vergeblicher Luſt nach dem
Beſitze ſchmachtet, ſo lebt er mit ſeiner
Geliebten; ia, trauriger noch, als zärtlicher Verſchnittnen, iſt des Elenden
Schickſal.

22.

22.

Lucian an den Alciphron.

Glycera liebte den Charifius, und liebt ihn noch ißt. Doch als ihr der Stolz des Jünglings unerträglich fiel — du kennst ihn und seinen Charakter — da suchte sie ihre Zärtlichkeit in Feindschaft zu verwandeln; aus heftiger Liebe entstand der Vorsaß, ihn zu hassen. Sie berathschlagte sich darüber mit Doris; sie war Glycerens Sklavinn, und die Vertraute ihrer Liebe. Beyde hatten nun die Sache hinlänglich erwogen, und die schlaue Gehülfinn begab sich, gleichsam aus andrer Absicht,

H 3   sicht,

ſicht, auf die Straße. Hier erblickte ſie
Chariſius; Glück zu! mein liebes Kind; —
Glük zu? — ach leyder! woher? —
Wie? was? war des Jünglings Frage,
iſt etwas neues vorgefallen? Mit bittern
Thränen — es verſteht ſich — verſetzte
ſie: Ausſchweifend iſt Glycera in den
nichtswürdigen Pamphilus verliebt, und
haßt dich — freilich muß es dir fremde
dünken — ganz auſerordentlich. Sagſt
du die Wahrheit? fragte der Jüngling
nochmals erſchrocken, und veränderte beſtändig die Farbe. — O, allerdings! un-
barmherzig ſchlug ſie mich, bloß, weil ich
deinen Namen leiſe im Munde führte. —

Hier

Hier verrieth Charifius, daß seine Liebe gegen die Schöne stärker noch, als die ihrige gegen ihn sey. — schon viele wurden aus Eifersucht unverstellt in Mädchen verliebt, welche sie beym ruhigem Besitze verschmähet hatten. — Sein ausschweifender Stolz entwich; demüthig, traurig, und für Unmuth entseelet, sprach er — denn niedergeschlagen wird gemeiniglich der Trotz, wenn er sich verachtet sieht — seitwärts weggewandt, vergoß er Ströme von Thränen, und drehte sein Gesicht bald da, bald dorthin, sie von den Wangen träufen zu lassen. Womit, sprach er, hab' ich meine liebste Glycera wider Wil-

H 4

len beleidiget? Denn mit Vorſatz vergieng ich mich gegen ſie niemals. Bey den Lie- besgöttern! In deiner Gegenwart wünſch' ich Glyceren zu fragen, ob ſie vielleicht über mich mit Grunde klagt, und der Beleidigung, iſt ſie anders vorhanden, abzuhelfen. — Doch ich geſtehe es, ich habe gefehlt, ich will es keineswegs be- ſtreiten. — Sollte ſie mich dann nicht vor ſich laſſen, ſie um Vergebung zu bit- ten? — Kaum, und mit einem zweydeuti- gen Winke bejahte dies Doris, und blickte unruhig auf beyde Seiten umher. Voll Schmerz fragt' er nochmals: nicht, wenn ich flehend ihr zu Füßen falle? Vielleicht, mein

mein Freund; nichts, denk' ich, wird dir
wehren, die Gesinnungen deiner Geliebten auf die Probe zu stellen, wie weit sie
geneigt sey, sich mit dir auszusöhnen. —
Freudig lief itzt Charisius dem Hause der
buhlerischen Schöne zu; er, der Reizende,
der Vielgeliebte, entschloß sich zum Flehen, traf sie an, und fiel ihr sogleich zu
Füßen.   Glycera ward beym ersten Anblicke durch den Nacken ihres Geliebten
entzückt; zärtlich stützte sie die Hand unter sein Gesicht, und richtete ihn auf.
Heimlich küßte sie ihre Rechte, womit sie
den Jüngling berührt hatte — und schnell
ward der Friede geschlossen; denn Amor,

H 5

der

der feurig von innen sie antrieb, erlaubt
ihr die Verstellung nicht, den Geliebten
nur einen Augenblick zu verstoßen. Die
schlaue Kupplerinn lächelte in Geheim,
und winkte Glyceren zu — dies mochte
der Wink bedeuten: ich allein bin es, die
diesen Stolzen dir zu Füßen gelegt hat.

23.

Monochorus an den Philokybus.

Freund, in ein zweyfaches Unglück bin
ich zu gleicher Zeit verwickelt. Kaum bin
ich im Stande, nur eines davon auszu-
halten, dennoch quält mich zum Ueberfluß
auch das andre, und verdoppelt meine

Noth;

Noth; jenes ist hart, und dieses nicht gelinder. Eine unersättliche Buhlerinn, und
Würfel, die unglücklich für mich, vortheil-
haft aber für meine Gegner fielen, haben
mich erschöpft. Spiele ich mit meinen
Nebenbuhlern in Würfeln, oder Brette,
dann verwirrt die tobende Liebe meine Gedanken; in den mannigfaltigen Versetzun-
gen der Steine betrieg' ich mich daher meist
selbst, und werde von Leuten, welche schlech-
ter spielen, überwunden, denn oftmals,
wenn die Reihe mich trift, rück' ich, in
zärtlicher Zerstreuung, ihre Steine statt
der meinigen. Ich besuche hierauf meine
Geliebte — und erfahre daselbst den zwee-

ten

ten Verlust, der noch schlimmer, als der
erste ist, weil meine glückliche Nebenbuh-
ler, die mir so vieles abgewannen, die
Schöne kostbarer beschenken, und also vor
mir den Vorzug erhalten. Mit meinen
eignen Mitteln bekriegen sie mich, und
bringen mich um ihre Liebe. Auf diese
Art wird iedes Uebel wechselsweise durch
das andre verschlimmert.

24.

Musarion an Lysias, ihren Gelieb-
ten.

Jüngst am Abend hatten sich die vor-
nehmsten meiner Liebhaber bey mir versammlet.

sammlet. Sie schwiegen Anfangs; jeder
trieb seinen Nachbar voran, und befahl
ihm, mir dasjenige vorzutragen, was sie
gemeinschaftlich mit einander verabredet
hatten. Unter dem Scheine eines Rathes,
in der That aber aus Eifersucht gegen dich,
machte mir einer, der etwas dreister war,
diese Vorwürfe: Alle Mädchen von der
Bühne übertriffst du an Schönheit, und
jede übertrift dich doch an Einkünften.
Leichte fiel es dir, an uns, die du verachtest, dich zu bereichern; aber dem Lysias
alleine überläßest du deine Reizungen umsonst, einem Jünglinge, der nicht einmal
schön ist. Erträglich wär' es noch, wenn
ein

ein einziger von ausnehmender Bildung für so vielen andern den Preis erhielte; dann würde man dirs vielleicht vergeben, daß du eine liebenswürdige, unwiderstehliche Schönheit dem Reichthume vorzögest. Mit seinem Lobe, das du uns immer vorsagst, betäubtest du unsre Ohren, und erfülltest sie mit Lysias; selbst, wenn wir vom Schlafe erwachen, glauben wir des Jünglings Namen zu hören. Dies scheint mir keine Zärtlichkeit, nein, vielmehr eine heftige Bethörung zu seyn. — Dies einzige nur bitten wir dich, erkläre dich deutlich, ob du ihn für allen andern zu besitzen wünschest; wir wollen dem Lieblinge nicht entgegen seyn.

seyn. — So redeten sie mir, beynahe bis
gegen den Hahnenruf vor; wollt' ich dir
alles, der Reihe nach, erzählen, so würde
wohl die Sonne über der langen Erzählung untergehen. Das meiste davon hört'
ich mit dem rechten Ohre an, und alsobald
schlüpft' es zu dem andern hinaus. Folgendes bloß war meine Antwort: Amor
selbst hat den Lysias euch vorgezogen, ihn,
der bey Nacht und Tag unaufhörlich in
meinem Herzen lodert. — Höre mich weiter, Geliebtester! Mit lautern Tadel fragten sie mich: Wie? einen so unangeneh-
men Menschen, so nichtswürdig, so schmu-
zig — wer wird den lieben? — Wer? —

Ich,

Ich, war meine Antwort — und stark
bewegt' ich zugleich nebst der Hånden ein
Auge voll Ausdruck. Lebt wohl, fuhr ich
fort, und stand auf — und verzeihet mei=
ner Liebe; die Erfüllung meiner Wünsche,
kein Gewinnst, ist für mich schmeichelhaft,
und diese Wünsche — sind Ihsias — O,
schnelle also, schnelle, mein kleiner, süßer
Gebieter — entzückend ist dies Eilen —
unverzüglich komme zu mir, und bringe
mir nur einen einzigen Kuß mit. Bey
den Ohren will ich dich fassen, und drey=
mal dich, reizender Geliebter, küssen.
Küssen — bey Aphroditen schwör' ichs!
der ich itzt opferte; wird dich die Göttinn

zu mir neigen, dann will ich des Opfers
Würkung erkennen. — Lebe wohl, theuer=
ster Lysias — denn bald muß ich schließen,
weil du schon unterdeß, daß ich schreibe,
für mich zu lange verweilest. — Gegen
dich sind alle Satyrs, nicht Menschen —
wie sehr veracht' ich sie?

25.

Philänis an Petalen.

Als ich gestern vom Pamphilus zum
Schmauß gebeten war, lies ich Thelxi=
noen, meine Schwester, gleichfalls herbey=
ruffen, unwissend, daß ich mir selbst hier=
durch einen empfindlichen Streich versetzte,

J   wie

wie es der Ausgang zeigte. Erst kam sie
schon allzu sorgfältig geschmücket; von
Schminke glänzten ihre Wangen, und,
wie es scheint, so hatte sie die Haare vor
dem Spiegel geflochten und aufgesetzt.
Kostbare Ketten hingen vom Halse, seine
Schönheit zu erhöhen, herunter; eine
Menge andrer Tändeleyen, Brust- und
Armbänder, umgaben sie; auch der Kopf-
putz war von ihr nicht vergessen worden.
Bald warf sie den Blick auf ihr Tarenti-
nisches Kleid, aus welchem ihre Schönheit
frey hervorglänzte, bald rückwärts auf die
Füße; oft betrachtete sie sich selbst, und
ob auch sonst iemand sie bemerke. Sie

setzte

setzte sich hierauf zwischen mir und Pamphilus, uns beyde von einander zu trennen,
zog scherzend des Jünglings Auge auf sich,
und wechselte mit ihm den Becher. Jung,
und zärtlich, und vom vielen Weine be-
geistert, lies er sich dieses leichtlich gefallen.
Auf diese Weise küßten sie einander so gut,
als Mund von Mund; sie tranken ihre
Küsse, und flößten den Wein, den ihre
Lippen mischten, bis in das Herze ein.
Pamphilus biß etwas von einem Apfel
ab, und warf ihn geschickt in ihren Schos;
küssend verbarg sie ihn im Busen, unter
dem Bande, das ihn umgab. — Dies
Bettragen ward mir empfindlich, und

warum

warum das nicht, da ich an meiner
Schwester, die ich in meinen Armen er
zog, eine Nebenbuhlerinn entdeckte? Dieß
ist mein Lohn für ihre Erziehung; der
würdige Dank ihrer gegenseitigen Erkänntlichkeit! — Zu verschiednen malen macht'
ich ihr bey iedem dieser Schritte dergleichen Vorwürfe: Thelrinoe, wie, verfährst
du so gegen deine Schwester? Pfui,
Thelrinoe! — Doch worzu die lange Er
zählung? Die Boshafte begab sich hin-
weg, nachdem sie sich des Jünglings so
unverschämter Weise bemächtiget hatte. —
Thelrinoe hat mich beleidigt; Aphrodite,
und du, Petale, unsre gemeinschaftliche

Freun-

Freundinn, seyd meine Zeugen, daß sie
überall die erste Urheberinn schlimmer Hän-
del ist! — Feindlich wollen wir itzt gegen
einander verfahren; auch ich hoffe durch
List eine gleiche Beute zu finden. — Bei
schlossen sey es! ein Keil treibe den andern.
Mir soll es nicht fehlen, dieser Frechen
drey Liebhaber anstatt dieses einzigen zu
entreissen.

26.

Speusippus an Panareten.

Schon längst zwar schilderte mir der
Ruf deine Reize zum Voraus, denn alles
fährt sie im Munde, nun aber stellten sie

J 3   sich

sich selbst mir zum ersten male dar. Deine
Schönheit entzückt mich daher um so viel
stärker, je mehr ich finde, daß sie dieses
Gerüchte noch übersteigt. — Wer bewundert dich nicht im Tanze? Wer sieht —
und liebt dich nicht? Polymnia, Aphrodite sind bey den Göttern; von ihnen geschmücket, stellst du sie uns, so weit sie
sich erreichen lassen, vor. Redner und
Mahler fordr' ich auf — du mahlst Hand-
lungen, und drückst Reden aller Arten
aus, ein lebhaftes Bild der ganzen Natur; bedeutungsreiche Hände, und der
Ausdruck verschiedner Charaktere sind dir
statt Farben und Zunge. Dem Phari-

schen

ſchen Proteus gleich), ſcheinſt du beym hol=
den Geſange, der deinen Tanz begleitet,
eine Geſtalt mit der andern abzuändern.
Aufgerichtet ſteht für Bewundrung das
Volk; bricht wechſelsweiſe in tönende Aus-
ruffungen aus, bewegt die Hände, und
ſchwenkt das Kleid. In den Zuſammen-
künften erzählt dann einer dem andern
alle Bewegungen dieſer Stille voll Man-
nichfaltigkeit, und ieder Zuſchauer verſucht
es für Luſt, ein Pantomime zu ſeyn.
Den berühmten Karamallus ganz allein
ahmteſt du mit Sorgfalt nach, und den=
noch haſt du alle in der genaueſten Nach-
ahmung erreicht. — Gewiß, auch des

J 4

ernhaftesten Mannes ist es nicht unwürdig, einigen Antheil an dem Vergnügen, das du verschaffest, zu nehmen, weil manchmal der Scherz zur Erholung von wichtigen Geschäften dienet. Schon hab' ich viele Städte, als ein leichter Reuter im Dienste des Staates, durchreiset, das alte, und neue Rom ward mir bekannt; aber solch ein Mädchen erblickt' ich in keiner. — Glücklich sind die, die Panareten, bey diesen Vorzügen der Kunst und Schönheit, besitzen!

27.

Klearchus an den Amynander.

Als ein Jüngling zur Abendzeit geflissen vor einer Schöne vorbeygieng, da sprach eine andre, die zunächst bey ihr stand, und sties sie zugleich mit dem Arme: Bey Aphroditen! Freundinn, — verliebt in dich, geht dieser hier singend vorbey, er ist nicht unangenehm gebildet. Wie niedlich ist sein leichtes Kleid verbrämet? wie bunt gewirket? Welch eine liebliche Stimme? — Auch sein schönes Haar scheint ihn beschäftiget zu haben, denn dieses ist der Liebe eigen, und würklich, es ist al-

J 5

lerliebst,

lerliebſt, daß ſie Verliebte ſo mächtig beredet, ſich auf das ſorgfältigſte zu ſchmü-
cken, wenn ſie auch vorhin ſich gänzlich
vernachläßigt hatten. — Ja, bey den
Liebesgöttern, verſetzte dieſe, und dennoch flieh' ich den Jüngling, ſo reizend er
iſt, weil er aus Hochmuth ſich allein liebenswürdig bey den Mädchen glaubt;
glaubt, daß man nach ihm, wie es ſeine
Schönheit verdiene, ſchmachte. Vielleicht
nannt' er ſich gar aus dieſem Grunde
Philo (*), denn der Stolz auf ſeine
Bildung iſt erſtaunlich; dreiſt iſt ſein

Blick,

(*) Nach dem Griechiſchen der Liebenswürdige, der Geliebte.

Blick, und seine Stirne voll Uebermuth.
Ich hasse den Liebhaber, der seine Geliebte an Schönheit übertreffen will, und
sich einbildet, daß er Reizungen gegen Reizungen, die größten gegen geringe, aus
Gütigkeit Preis gebe. — Sieh nur, und
ergötze dich an den versteckten Anspielun-
gen, wie treffend ich diesen Stolzen ver-
höhne. — Mich liebt jemand mit der äusersten Heftigkeit, den ich auch nicht eines
Winkes würdige. Vergebens durchstreicht
er öfters meine Straße; — er singt umsonst, ohne sich meiner Ohren Beyfall zu
erwerben — vollkommen mißtönend, und
erröthet nicht, fruchtlos immer einerley

Weg

Weg zu laufen. Bey Ceres und Proser=
pinen! umgekehrt an seiner Stelle will ich
mich künftig für Schande verhüllen. —
Dies, und noch mehr sagte sie, ihm zur
Kränkung, zugleich entblößte sie sachte
den Fuß, dem Jünglinge, wie gerade,
wie fein und regelmäßig er sey, zu zeigen;
auch andre Theile des Körpers wurden
sichtbar gemacht, um ihn von mehr, als
einer Seite auf einmal zu beunruhigen.
Er vernahm ihre Worte, denn sie lispelte
so, daß er sie hören konnte. Rede, sprach
er, was, und so oft es dir gefällt; nicht
mich, o Schöne, Amorn selbst verlachest
du. Doch ich hoffe, dieser Bogenschütze

werde

werde solch, einen Pfeil auf dich losdrücken,
daß du, zu diesen meinen Füßen hinge-
streckt, mich wirst anflehen müssen, deine
Pein zu heilen. — Spottend, mit schnö-
dem, abgewandtem Blicke, schlug sie lebhaft, als ein Mädchen, mit den Fingern
der rechten Hand in die Fläche der linken,
und antwortete voll Verachtung: Ich?
Elender? — O, bey den Grazien! mit
nichten! da bauft du auf eitle Hofnungen. Du schmeichelst dir, noch einmal so
reizend zu seyn, und deswegen kommt es
dir ein, dergleichen zu erwarten, bis einst
vielleicht Amor, dich zu rächen, sich nähert. — So harre dann, und singe, und
wache

wache — ohne weitren Erfolg, als daß
du von der Leidenschaft bestürmt wirst,
deren Ungestümm weder Aufenthalt noch
Flucht verstattet. Busen, Umarmungen,
Küsse — nichts sey dir von mir gewähret;
nie soll dich die zärtliche Sehnsucht verlassen.

28.

Nikostratus an den Timokrates.

Welch eine Aufführung läßt Kochlis
doch gegen mich blicken? Aus was für
Absichten kehrt sie so schnelle sich von einem Gegenstande zum andern? Bey den
Göttern! diese Ungewißheit schlägt mich
nieder;

nieder; das Nachforschen, die häufigen, zweifelsvollen Betrachtungen bey mir selbst haben mich ermüdet. Schlechterdings war es mir unmöglich, etwas mit Gewißheit heraus zu bringen — wie, wenn ich über weissen Stein eine Richtschnur von gleicher Farbe zöge; denn wer vermag ein unstätes Ziel richtig zu fassen? Warlich! ich weis es nicht, was ich mit ihr anfangen soll; ihr Name schon entspricht ihrem versteckten Charakter (*). Du selbst liebst sie; entdecke mir diesen Wankelmüthigen Gesinnüng: und bist auch du bey ihrer

(*) κοχλίς, eine Muschel, deren Schale verschiedene Windungen und Gänge hat.

ihrer räzelhaften Denkungsart ungewiß;
so säume nicht, Geliebter, deinen durch-
dringenden Verstand zu Rathe zu ziehen. — Bald handelt sie in allen Stü-
cken, als ob sie die Liebe fühlte; heftig
feuert sie meine Zärtlichkeit an, und be-
lebt mich ganz mit Hofnung; bald ver-
schmäht sie wieder, mit dem größten Leicht-
sinne, denienigen voll Troz, den sie nur
erst geliebt hatte, und vereitelt auf das
neue meine ganze Erwartung — so machen ihre Neigungen, die sich plözlich
verändern, meinen Geist Penelopens Gewebe ähnlich. — Was fang' ich an? wie
soll ich mich verhalten? — Unerträgliches
Unglück!

Unglück! Betragen, deſſen Ausſchweifung
alle Maaße überſchreitet! Wie ſehr hat
dies übertriebne Geziere ihre glänzenden
Reizungen verdunkelt? Man mache ihr
Vorſtellungen, man flehe ſie an — umſonſt, einen Tauben ſcheint man vorzu-
ſingen. Ungerne werd' ich daher, ich zärtlicher Liebhaber, für die Zukunft von ihr
abgeſchreckt, ſo ſchwehr auch dieſes bey mir
möglich iſt. — Ja, mein Timokrates,
nicht länger will ich ſie mit dir in Gemein-
ſchaft lieben; genau einzuſehen, was mög-
liche Dinge ſind, nicht, mit vergeblichem
Grame ſich zu beladen, dies iſt die Eigen-
ſchaft eines Mannes. — Doch dies müſſe

K   keine

keine widrige Vorbedeutung für mein Glück
bey andren Schönen haben! — Möchte
nur diese Veränderung günstige Folgen für
dich in Kochlis Gesinnungen bewirken!
Möchtest du ihre Liebe gewinnen, und
glücklicher, weit glücklicher, als ich,
selbst, werden!

Ende des ersten Buchs.

Briefe des Aristänet.

Zweytes Buch.

I.

Aelian an Kalycen.

Dieser Brief sey eine Vorbitte für Charidemus. Göttinn der Ueberredung, stehe mir selbst bey, und hilf, dies sey mein Gebet, daß mein

Schrei-

Schreiben die erwünschte Würkung habe! — Dich, Kalyce, liebt er; ihn verzehrt die süße Glut, und das Ende seines
Lebens ist nahe — noch hängt es nur an
einem Faden, und der Jüngling gleicht
einem Schattenbilde, — wann du ihm
nicht die Heilung, die in deinen Händen
stehet, gewähreft. Bey dem schützenden
Apoll! Kind, nie müsse man deine Schönheit eines Mordes beschuldigen, und rä-
chende Furien deiner Reize sich ungestümm
bemächtigen! Du führst, ich weiß es, gegen ihn Klagen; er fehlte, dies ist aus-
gemacht — aber er fehlte als Jüngling,
und ward hinlänglich dafür gezüchtiget:

lasse

laſſe den Tod nicht die Strafe des Ver-
brechers ſeyn! Betrachte, bey den Göttern! Aphroditen, und ahme ſie nach, ſo
weit ein ſterbliches Mädchen ſie erreichen
kann. Sie beherrſcht das Feuer, ſie
ſchwenkt den Bogen; dennoch begleiten
die Göttinn auch die Grazien. Dein
Blick entzündet, deine Stimme ſchlägt
Wunden — ſo laſſe dann auch deinen
Liebreiz ſchnelle ſie lindern! Feuer führſt
du — und Waſſer; möchteſt du einen Augenblick nur deine eigne Flamme auslö-
ſchen! — So weit mein bittender Vortrag! izt ſoll weiter folgen, was ich erin-
nerungsweiſe dir zu ſagen habe. Ich

weiß,

weiß, es ist ungemein angenehm, die
Jünglinge ein wenig zu necken; dies beugt
dem Ueberdruß in der Liebe vor, und läßt
Buhlerinnen ihren Liebhabern stets liebenswürdig scheinen: doch, geschieht es
zur Unzeit, so ermüdet ihre Zärtlichkeit.
Auf diese Art geräth der in Zorn, und
jener wirft auf ein ander Mädchen die
Augen. Die Liebe ergreift und flieht uns
mit gleicher Schnelligkeit. Die Hofnung
giebt ihr Flügel; diese verschwindet, und
voll Verzweiflung verliehrt sie solche wieder auf einmal. Hieraus fließt der große,
schlaue Grundsatz der Buhlerinnen, stets
den Genuß beym nahen Anscheine zu verzögern,

zögern, und die Liebhaber durch die Hofnung in der Bothmäßigkeit zu halten.
Schon machten sich viele Buhlerinnen verführerisch lockend an den Jüngling, ia, eine
davon würde mit vorzüglicher Schlauig-
keit sich seiner bemeistert haben, hätt' ers
nicht gänzlich verschworen, seine Liebe einer andren Schöne nach dir zu schenken.
Immer gehe mit heuchlerischen Liebhabern
nach Gewohnheit der Buhlerinnen um;
nur mußt du aufrichtiger gegen ächte verfahren. Folge mir, und lege dies aus-
schweifende Betragen ab; gieb Acht, daß
wir nach dem Sprichworte, den Strick
nicht durch allzu starkes Anziehen abreiß-

K 4   sen,

sen, — daß deine Klugheit nicht noch unvermerkt in Stolz ausarte. Wie sehr Amor Hochmüthige zu bekriegen pflege, dies weißt du. — Zudem, holdes Mädchen, so verkaufst du Früchte; süßer zwar, als die, welche der Baum trägt, sind die Früchte deiner Schönheit, dennoch kann dich an ihnen selbst die Erfahrung lehren, daß Früchte sich nicht aufheben lassen. Vergönne den Liebhabern der deinigen, sie abzulesen; nicht lange, so wirst du ein veraltetes Bäumchen seyn. Auch ungenützt verwelkt sie, die Rose, und die, welche des Körpers Schönheit entzücket, bestimmen ihre Liebe nach der Blüthe der

Reizun=

Reizungen, die ihnen ins Auge fallen. —
Lerne dieses noch auf eine andre Art; ich
bin bereit, dich weiter in verschlednen
Wendungen zu unterrichten. Ein Mädchen gleicht der Flur; was dieser die Blumen sind, das ist ihr die Schönheit.
Grünt die Flur, wie lebhaft spielt der
Blumen Farbe? Doch ist der Lenz entwi-
chen, dann sind die Blumen dahin, und
die Flur steht öde. So auch, verstreicht
des Mädchens Bildung, entflieht ihre
Schönheit, welche Reizungen bleiben da
noch übrig? — Im Körper, der noch
die Blüthe vermißt — ihrer schon beraubt
ist; pflegt Amor sich nicht aufzuhalten;

K 5   in

in dem, den Blüthe und Wohlgerüche
schmücken, da wohnt, da bleibt er. Doch
warum ward ich weitläuftig — einen
Delphin schwimmen zu lehren? — So
ändre dann, geliebtes Mädchen, deinen
Vorsatz; zeige, daß deine Seele schöner
noch, als dein Körper sey; damit man
Güte mit Schönheit gepaart, laut an dir
bewundre. Theuerste, sprachst du ia? —
o! dein nachgebender, den Vorstellungen
offner Charakter ist mir vollkommen be=
kannt. — Nun, ich komme, und bringe
den Jüngling mit mir, dem ich, als
Herold, den Frieden kostbar zu erkaufen
suche; bey Buhlerinnen muß der Herolds=

stab

ſtab mit Babylonſchem Golde kenntbar gemacht werden. — Voll Verzeihung gegen das vergangene, voll Dankbarkeit für dieſe Geſchenke, verbleibe dann künftighin deinem Charidem gewogen.

––––––––––

2.

Euritheus an Pythias.

Mitten unter den Opfern, da, wo wir zu den Göttern um Endigung unſrer Plagen flehen, ward ich in die empfindlichſte Noth geſtürzet. Noch hebt' ich beyde Hände empor, und ſprach leiſe mein Gebet aus, als Amor — ich weiß nicht, wie — urplötzlich mich rührte:

Da

Da kehrt' ich nach dir mich um — zugleich beym Anblicke ward ich von deiner Schönheit verwundet. Ich sah dich, und nun vermocht' ichs nicht, die Augen wieder anders wohin zu richten. Du merktest es, daß ich dich beobachtete, und verbargst — so pflegt ihr, freye Schönen, es immer zu machen — sachte das Gesicht; wandtest den Hals auf die andre Seite, und hieltest die Hand vor, durch die ein Theilgen der Wange halb versteckt sich zeigte. — Willst du mich zu deinen Sklaven haben? freywillig unterwerf' ich mich dir; denn Pythias Liebhaber — wer dürfte dies anders seyn, als Zeus, um deinet-

deinetwillen in Stier, in Gold, und
Schwan verwandelt? — Und dennoch,
o, dürft ich nächst deinen Reizungen, zugleich auch deine Güte gegen mich preisen
können! Möchte deine Unerbittlichkeit
denienigen nicht verscheuchen, deſſen deine
Anmuth ſich ſo glücklich bemächtigte! —
Götter, nach eurem Willen erfüllt dieſes
mein Gebet! — Dir, Geliebteſte, ſchwör'
ichs — aber bey welcher Gottheit? —
gefällt es dir., bey denen, die ich nur erſt
anrufte, daß ich, voll Zärtlichkeit dir er-
geben bleiben werde, ſo lange du über mich
gebieten willſt; und o, möchteſt du dieſes
doch beſtändig wollen!

3.

3.

Glycera an Philinnen.

Wie unglücklich, Philinna, ward ich
nicht an Strepsiades, diesen weisen Redner, vermählt! — Ist es Zeit, zu Bette
zu gehen, dann stellt er sich immer, bis
tief in die Nacht, mit seinen Processen
beschäftiget, und wendet, gerade zu dieser
Stunde, die Probe mit den gerichtlichen
Reden vor, die er auswendig gelernet hat.
Zu Bekräftigung seiner List, bewegt er
sachte die Lippen, und murmelt, wer weiß
es, was? bey sich selbst her. — Warum
mußt' er doch ein Mädchen, ein Mädchen

in

in voller Blüthe freyen, wenn er keine
Frau nöthig hat? Vielleicht, um mir seine
Processe mitzutheilen, um des Nachts in
meiner Gesellschaft in den Gesetzen nachzu-
schlagen? — Ha, wird er unser Ehebette
zu einer Schule von Streithändeln machen, so will ich, ich iunges Weibchen,
mein Lager künftig besonders nehmen, und
alleine schlafen; bleibt er da noch auf
fremde Rechtssachen erpicht, und versäumt
bloß die Angelegenheit, die uns beyde zusammen betrift, dann soll ein andrer
Redner mein Geschäfte besorgen. Du
verstehst doch, was ich sagen will? —
O! ganz gewiß; ich berühre dies kurz,

weil

weil du hieraus schon das übrige errathen

kannst. — Bemerk' es wohl, mein Schatz,

du kennst ja die Schwachheiten dieses Ge-

schlechtes, wenn ich gleich aus Blödigkeit

mein Anliegen nicht ganz deutlich entdecke,

und den Gram nach Vermögen zu lindern

suche. Nicht genug, daß du als Stifte-

rinn dieser Ehe, und noch darzu meine

leibliche Muhme, dich bemühtest, sie An-

fangs zu Stande zu bringen; deine Pflicht

ist es, auch itzt, da sie wankt, sie wieder

zu befestigen. — Gewiß, ich halte den

Wolf bey den Ohren; unmöglich ist es,

ihn so in die Länge zu halten, und gefähr-

lich doch, ihn los zu lassen; er könnte mich

leicht,

leicht, als ein schlauer Sachwalter, auch

ohne meine Schuld, verklagen.

4.

Hermotimus an den Aristarch.

Gestern in der kleinen Straße gab ich
Doris durch Pfeifen das gewöhnliche Zeichen. Endlich sah sie herab — wie, wann
ein glänzendes Gestirne aufgeht. Ich
hörte die Losung; Geliebter, so sprach sie
mit leiser Stimme, allein ich weiß keinen
Rath, hinunter zu kommen. Mein Gebieter ist zugegen; noch hat er sich nicht
entfernet, daß ich dich, mein Theuerster,
nur einen Augenblick umarmen könnte.

L   Bleib,

Bleib, bleib! bald will ich hinunter kommen, und den kleinen Verzug mit ſtärkrer
Liebe vergelten. Bey den Göttern be-
ſchwör' ich dich! verweile gelaſſen, und
gieb aus lebhaftem Unmuthe die Hoffnung
des heutigen Abends nicht auf; kränke die
Zärtlichkeit nicht, die mich beſeelet, du
möchteſt ſonſt eine Glut von noch größrer
Heftigkeit entzünden. — Dieſe Vertrö-
ſtungen, dies ſchmeichelnde Zureden, Worte, mit welchen ſie mich, gleich als mit
Pfeilen, traf, bewogen mich, wär' es
nöthig, auch bis um Mitternacht zu war-
ten. Doch ſchnell, unter dem ſcheinbaren
Vorwande, Waſſer zu ſchöpfen, kam ſie
herab;

herab; auf der linken Schulter trug sie
das Gefäße — auch in dieser Stellung
schien sie mir reizend zu seyn, als wäre
sie mit göldnem Geschmeide gezieret. Ihr
Haar — ha, welch ein Schimmer! Wie
schmückt seine Länge das Mädchen! Regel=
mäßig verläuft es sich über der Stirne,
und wallet niedlich über Naken und Schul=
tern. Die Wangen erhöht der süße Reiz
der Augen, der mit Wollust sich küssen,
schwehr aber beschreiben läßt. — Laß
uns, sagte sie, diese Freyheit von einem
Augenblicke, die uns die Gelegenheit dar=
beut, nicht ungebraucht verschwenden, so
lange wir beysammen sind! Da umarmten

wir

wir uns voll Entzücken, und brünstiget

erreichten wir unsrer Sehnsucht Ziel, denn

lieblicher, weit erwünschter ist der Besitz,

nach einigen vorhergegangenen Schwierig=

keiten, einem zärtlichem Paare.

5.

Parthenis an Harpedonen.

Ha! welche Stimme! welch eine Leyer?
Wie lieblich tönt beydes zusammen! Wie
stimmt die Zunge in den Klang der Sai=
ten! Gewiß, Musen und Grazien sind
hier mit einander vereinet. Voll Gedan=
ken der Tonkunst, voll Anstrengung auf
den Gesang ist des Jünglings Auge, und

bleibt

bleibt es mit holder Aufmerksamkeit auf
mich gerichtet, dann entzückt sein Gesicht
noch mehr, als die Lieder, meine Seele.
War Achill nicht so gebildet — ihn lernt'
ich aus den Gemälden unsres Hauses kennen — dann war er wirklich nicht reizend;
rührt' er nicht so das Spiel, dann war
er Chirons Schüler in der Tonkunst
nicht. — O, möcht' er mich lieben!
möcht' ich meine Zärtlichkeit von ihm er-
wiedert finden! — Kühner Wunsch! welches Mädchen kann ihm reizend scheinen,
er müßt' es denn mit mitleidigen Augen
betrachten? — Bey den Musen! wie
angenehm ist mir seine Nachbarschaft? —

Doch

Doch eben itzt ergreift mich eine gewiſſe, ſchmerzhafte Empfindung; ich fühl' es, mein Herz ſchlägt heftig, gewaltſam ſcheint es hervorzubrechen, und wie in Flammen zu ſtehen. Iſt er entfernt von mir, dann ſinkt mein Haupt bald auf die Kniee, bald neigt es ſich auf die Schultern; und er- blick' ich den Liebenswürdigen, dann ſchäm' ich — fürcht' ich mich — und athme für Wolluſt geſchwinder. — Süße Glut, was hat dich doch in mir angefacht? Immer bin ich voll Unruhe, und kenne die Urſache dieſer Beklemmung nicht; ein unerforſchliches Leiden verzehrt mich, und Thränenbäche ſtrömen unaufhaltſam die

Wangen

Wangen herunter. Schnelle steigen in
mir Empfindungen mannichfaltiger Art
auf — so geschwinde zittert ein Sonnen-
strahl an der Wand, wann er vom Wasser, das im Gefäße gerührt ward, ab-
prellet, und bildet des Nasses leichte Wir-
bel mit schwankender Bewegung nach. —
Wie? ist dieses vielleicht, wie man spricht,
die Liebe? — Ja, unvermerkt ist ihre
Fackel bis in mein Innerstes gedrun-
gen. Warum verläßt der Gott, der sie
schwingt, die Schönen, die seinen Absichten
hold, die seine Vertrauten sind, und bezwingt ein unschuldges Mädchen, bekriegt
ein Kind, das unreif zur Liebe ist, im

Frauen-

Frauenzimmer noch unter genauer Aufsicht steht, und für ihren Hütern kaum manchmal aus dem Hause hervorblicken darf? — Glückliches Mädchen, das ohne zärtliche Sorgen lebt, und allein mit seinem Gewebe sich beschäftiget! Ich schäme mich meines Anliegens, ich verberge meine Schwachheit, und bin zu schüchtern, jemanden zu Rathe zu ziehen, weil ich zu meinen Sklavinnen kein großes Vertrauen trage. — Trostloser Zustand! über den ich die Hände windend, herumirre, wenn meine Qual sich lebhaft reget. Sie zu heilen, sie nur eine kurze Zeit lang mich vergessen zu machen — dies ist mir unmöglich

möglich — denn gerade gegen mir über
singt der Jüngling, der angenehme Feind,
seine holden Lieder. Schlechterdings bin
ich unfähig, auch nur einen Anschlag, was
zu thun wäre, zu entdecken; wie sollte ich
Unglückliche, eine Sache überlegen können, deren Natur und Eigenschaften selbst
mir unbekannt sind; ich, der die Kunst
zu lieben, der aller Umgang fremde ist? —
Schamhaftigkeit! Bescheidenheit! fort,
entweichet! — entweich' auch du, ern-
ster Zwang des iungfräulichen, für mich
so schmerzlichen Standes! Schon fühl' ich
die Triebe der Natur, die sich, so scheint
es, an keine Gesetze kehret; ich will auf-

L 5 hören,

hören, allzu blöde zu seyn, vielleicht daß
sich so mein Geist von dem heftigen
Schmerz wieder erholet. — Freudig nieß'
ich, eben, da ich itzt schreibe — wie?
hat wohl der Jüngling, der Gegenstand
meiner Sorgen, an mich gedacht? — O!
möchten wir endlich einander, nicht den
bloßen Blicken nach, sondern ganz und
gar in den vertrauteſten Umarmungen
genießen! — Dir, Harpedone, entdeckt' ich umſtändlich mein Anliegen, die
bitterſüße Luſt von Amors Pfeilen;
komm, und hilf mir in dieſen Umſtänden
mit deinem Rathe, du kannſt Faden und
Einſchuß, oder auch andre Sachen, die

unſer

unſer Geſchlecht beſonders angehen, zum
Vorwande gebrauchen. Lebe wohl, und
bey Amorn! er ſelbſt lehrte mich zuerſt,
bey ſeinem Namen zu ſchwören — laß
dieſes, als heilige Geheimniſſe, dir ge=
ſchrieben ſeyn!

6.

Ohne Aufſchrift.

Voll von deinem eignen Werthe, er=
hebſt du dich, weil dir die Liebe günſtig
iſt; hochmüthig biſt du, und gehäufter
Stolz ſitzt auf deiner Stirne. Hoch in
den Lüften ſchreiteſt du in deinen Einbil=
dungen daher, und blickſt mit Verach=

tung

tung auf uns, die wir auf der Erde wan-
deln, herunter. Als einer Flötenspiele-
rinn Sohn, bläseſt du die Backen auf,
und übertrifſt noch deine Mutter an dem
Talente, ſie aufzuſchwellen. — Was bewog dich wohl, dich ſo leicht, ſo ſchnelle
liebenswürdig zu finden? Etwann dein reizendes Geſicht, mein vortreflicher Phor-
mion? — Nun ja! ſo reizend ſey ſie auch
dir, deine würdige Schöne! — Lange,
lange möget ihr einander — ihr verdient
es — beſitzen, und ein Söhnchen bekom-
men, das ſeinem Vater ähnlich iſt! denn
gleich und gleich hat ſich hier allerliebſt ge-
paaret. — Du überwandeſt mich, und
erhiel-

erhieltest meine Geliebte; zischend gehst du vor mir mit Vorsatz, nicht ohne Lächeln, nein, mit einem innigem Hohngelächter vorbey, schwenkst prahlend die Hände, und spottest meiner voll Vergnügen. Du frohlockest laut, daß du mich mit Gewalt von dem Mädchen vertrieben hast — und mir, mir ist es die größte Lust, dich nunmehr mit ihr vereiniget zu haben. Ich ward besiegt, aber zu einem größern Vortheile für mich, als den dein leidiger Sieg dir verschaffte; denn es ist augenscheinlich, daß im Wettkampf um schlimme Preiße gerade der Sieger der unglücklichere Theil ist.

7.

7.

Terpſion an den Polykles.

Eine iunge Sklavinn ward in den Lieb‐
haber ihrer Gebieterinn verliebt; beyden
war ſie bey ihrem Verſtändniſſe behülflich,
dies war die Veranlaſſung ihrer Liebe.
Oft hörte ſie den zärtlichen Geſprächen zu,
denn als Hüterinn ſtand ſie in der Nähe,
und trug Vorſicht, damit kein unvermu‐
theter Kundſchafter ſich zeigte, und viel‐
leicht hatte die Kleine ihre Umarmungen
ſelbſt erblicket; ſo ſchlich durch Gehör und
Auge Amor mit Fackel und Bogen ſich in
ihre Seele. Traurig klagte ſie das Schick‐

ſal

ſal an, daß ihr Sklavenſtand die Liebe
ſelbſt in Feſſeln lege, denn ihr fehlte die
Kühnheit, ein gleiches mit ihrer Gebieterinn zu genießen; die Zärtlichkeit nur hatte ſie mit dieſer gemein. Aber was that
das Mädchen, denn Amor ließ ſie nicht
ohne Hülfe? — Sie ward abgeſchickt,
den Liebhaber einzuladen, da ſprach ſie
frey, ohne Umſchweife zu ihm: Geliebter,
verlangſt du, daß ich dir beyſtehe, und
noch ferner freudig diene — doch, was
brauch' ich weiter dir zu ſagen? ſchon haſt
du, ein Kenner der Liebe, meine Zärtlichkeit entdecket. — Schein' ich dir auch
reizend? Kann ich dir, in Vergleichung

mit

mit deiner eignen Schönheit, gefallen.
Was antwortest du mir? Wirst du es
thun? — O! ich weiß es, du wirst.
Der Jüngling — schön war sie, und voll
Unschuld — wie gesagt, so gethan. —
Freudig erfüllt' er sogleich des Mädchens
Wünsche, und besiegte den jungen, auf-
keimenden Busen, im Genusse ächter
Küsse. Frostig sind vermählter Schönen,
treulos der Buhlerinnen Küsse, aber unverstellt sind die Küsse der Mädchen, unverstellt, wie ihre Sitten. Vermischt
sind sie mit sanftem Schweiße, einem
heißen, starken Strome des Athems;
dieser geht schnelle, das Herz nähert sich

dem

dem Munde, der Geist seinen Pforten;
man lege die Hand an die Brust — wie
sichtbar klopft sie nicht? — Unter dieser
Beschäftigung des Paares kam schlau die
Gebieterinn mit sachten Schritten ohne
Geräusche, herbey, und riß die Sklavinn
voll Eifersucht bey den Haaren weg.
Nein, sprach diese seufzend, das Schicksal hat nicht zugleich mit dem Körper auch
meine Seele unterwürfig gemacht. Ich
empfand Triebe; dies ist kein Verbrechen.
höre auf, ich beschwöhre dich! billig soll-
test du, die du die Liebe selbst fühlest,
meine Zärtlichkeit bedauren. — O meine
Gebieterinn! entehre Amorn, deinen und

M meinen

meinen Gebieter, nicht, du möchteſt ſonſt
unvermerkt deine eigne Regungen verdam:
men. Auch du biſt in ſeiner Macht, und
beyde ziehen wir an Einem Joche. So
das Mädchen — aber heimlich ſprach zu
dem Jünglinge die Schöne, und ergriff
ihn bey der Hand. Wie ſüße ſchmeckt
doch geſtohlnes Brod! — der frühe Genuß eines Kindes, das noch den Kuß
nicht kennet! Reizlos iſt die Vertraulich:
keit, iſt das Lager eines Mädchens, das
in den Geheimniſſen Aphrodtens nicht
eingeweihet iſt; ihr iſt der ſüße Scherz
bey ſtillen Umarmungen unbewußt. Eine
erwachſene Schöne hingegen, die, ſo wie

ich,

ich; genau mit der Liebe bekannt ist, gewährt dem Geliebten, und sich selbst, ein
gleiches Vergnügen; sie theilt Küsse aus,
ein Mädchen nimmt sie bloß an. Dies
weißt du — und hast du es itzt vergessen,
so komm, Geliebtester! mit Entzücken
will ich zweymal, und dreymal dich an
meine Küsse erinnern.

8.

Theokles an den Hyperides.

Ich liebte Arignoten, ein reizendes Mädchen; feyerlich ward sie mir von ihren Eltern verlobet. Gewiß! die Heyrath war
entzückend. Ich besaß eine Gattinn, die

meine

meine Geliebte war, und glaubte, diese
Verbindung würde dauerhaft seyn, denn
ich sah, daß die Ehe fester gegründet ist,
die aus Zärtlichkeit ihren glücklichen Ur-
sprung nahm. Doch der neidische Amor
verkehrte meine Neigung, und statt ihret,
bin ich in meine Schwiegermutter verliebt. — Was soll ich thun? Mit welcher
Dreistigkeit soll ich mich iener, mit welchem mildernden Anstande dieser entdecken?
Aus Wohlwollen giebt sie mir, ihrem Ei-
dame, den Namen Sohn; wie kann ich
nun mit einer Frau von Liebe sprechen,
die ich oftmals Mutter nannte? — Gewiß, ich mag meine Absicht erreichen,
oder

oder nicht, so bin ich auf beyde Arten unglücklich. — Götter, die ihr dem Bösen
steuret, wendet diese Schandthat ab! nie
müsse ich mit Tochter und Mutter in
sträflichen Umgang gerathen!

9.
Dionysiodorus an Ampelis.

Du denkst vielleicht, es kränke mich
heftig, daß du mich, einen so zärtlichen
Liebhaber, verlassen hast. Aber, bey deinem reizenden Gesichte schwör' ichs! Dies
ist mein geringrer Kummer gegen ein
andres Unglück von größrer Wichtig-
keit — daß du aus Einfalt, und iugend-

M 3   licher

licher Vermessenheit, den Eid so sehr
übertratest. Möchtest du immer, für
meinen Theil, der Götter, seiner Zeugen,
Ahndung nicht ausgesetzt seyn, wenn du
gleich meine Liebe nicht belohnest, noch
den beschwornen Bund zu halten gedenk-
kest! Allein, dennoch befürcht' ich, — ich
muß es bekennen, so sehr ich's auch ver-
bitte — daß dich die Götter ihre Rache
dafür empfinden lassen; trauriger würde
dies für mich, als der Verlust deiner
Zärtlichkeit selbst seyn. Mich, mich allein würde der Unfall treffen; dir will ich
überhaupt keine Vorwürfe machen. Nie
will ich, Geliebteste, aufhören, für dich

der

der Gerechtigkeit Göttinn anzuflehen, daß
sie auf keine Bestrafung deines Vergehens
denke, ia, daß sie, wenn es dir gefiele,
eine nochmalige Beleidigung gelassen anse=
hen, und dir t. Verzeihung ertheilen
möge, die deine Reizungen verdienen.
Geduldig will ich meine Leidenschaft ertra=
gen, kann ich dich nur gegen widrigen
Folgen gesichert erblicken. Lebe wohl, bist
du gleich ungerecht; die Götter mögen
gütig dir verzeihen! — Beym Zeus!
wer hat wohl ie nach erlittner Beleidi=
gung in einem gütigern Tone geschrieben?

10.

Philopinax an Chromation.

Ein reizendes Mädchen mahlt' ich. —
und ward in mein eignes Gemählde verliebt. Die Kunst, nicht der Pfeil Aphroditens flößte mir Zärtlichkeit ein; mich
selbst hat meine Rechte verwundet. —
Welch ein Unglück, daß ich nicht unge-
schickt in der Mahlerey bin! — ein schlechtes Bild würd' ich nicht geliebt haben.
Itzt wird meine Leidenschaft eben so stark
bedauret, als meine Kunst bewundert,
denn ich scheine in gleichem Grade ein unglücklicher Liebhaber, und weiser Künstler

zu seyn. — Doch warum jammr' ich so
sehr? warum klag' ich meine Hand an? —
Aus den Gemählden kenn' ich Phädren,
Narciß, Pasiphaen. Bey jener war der
Sohn der Amazone nicht immer zugegen,
ganz wider die Natur war der letztern
Liebe, und brachte der junge Jäger die
Hand zur Quelle, dann verschwand der
geliebte Gegenstand, und entschlüpfte seinen Fingern. Die Quelle bildete den
Narcissus ab, und das Gemählde sie und
ihn, wie er nach seiner eignen Schönheit
dürstete. — Meine Geliebte hingegen,
ein Mädchen, niedlich nach dem Scheine,
ist mir gegenwärtig, so lang ich will; ich

M 5 rühre

rühre sie an, sie bleibt feste, ohne zu zer=
fließen, oder ihre gewöhnliche Gestalt zu
verlieren. Lieblich lächelt sie mich an;
Ihr Mund ist sanft eröfnet; Worte, sprä=
chest du, blickten auf dem Rande der Lip=
pen hervor, und wären nur eben bereit,
sich munter heraus zu schwingen. Oft
näherte' ich schon mein Ohr, und lauschte
darauf, was sie doch lispeln wollte —
doch kein Laut ward mir zu Theile. Da
küßt' ich den Mund, die blühenden Wan=
gen, die holden Augenlieder, und ladete
die Schöne zu zärtlicher Vertraulichkeit ein.
Sie schweigt — gleich einer Buhlerinn,
die durch Sprödigkeit ihren Geliebten zu

reizen

reizen sucht; — ich lege sie auf mein
Bette, ich umarme sie, drücke sie an meine
Brust, ob sie vielleicht die Liebe, die darinnen ist, heilen möge, und schweife noch
weiter mit dem Gemählde aus. Dann
seh' ich wieder meinen jähen Unsinn ein,
und stehe in Gefahr, mein Leben einer
leblosen Geliebten halber, zu verlieren. —
Reif zwar scheinen ihre Lippen, und nie
gewähren sie doch die Frucht des Kusses.
Worzu dieses Haar, das so schön scheint,
und dennoch kein würkliches Haar ist? —
Ich weine, und stöhne kläglich, und heiter blickt das Bild mich an. — O, möchtet ihr mir, goldgeflügelte Knaben Aphroditens,

ditens', eine beseelte Schöne, die dieser
gliche, schenken, damit ich nach den Wer-
ken der Kunst ein Werk der Natur, über
die erstere erhaben, in lebendiger Schönheit glänzend erblickte! Mit Lust wollt' ich
die Natur mit meiner Kunst vergleichen,
und beyder Uebereinstimmung wechselsweise betrachten.

II.

Apollogenes an den Sosias.

Ich wünschte, wär' es anders möglich,
alle Kenner der Liebe nach der Reihe zu
fragen, ob einer aus ihrer Zahl in so
schwankender Lage sich befunden habe —

zu

zu gleicher Zeit von zween reizenden Ge-
genständen gerührt worden sey. Ich liebte
eine Buhlerinn, und vermählte mich, um
dieser Leidenschaft, wie ich glaubte, los zu
werden, mit einer sittsamen Gattinn.
Aber nun lieb' ich das Mädchen nicht minder, als zuvor, und noch kam die Zärtlichkeit gegen meine Frau hinzu; umarm'
ich die eine, so vergeß' ich dabey doch die
andre nicht, und stelle mir im Geist ihr
Bildniß vor. So bin ich einem Steuer-
manne ähnlich, der von zween Winden
ergriffen worden ist. Hier steht der eine,
dort der andre; behde kämpfen um das
Fahrzeug. Sie wälzen das Meer einander

der entgegen, und treiben das einzige
Schiff auf beyde Seiten. — O, könnten
die Schönen, frey von Eiferſucht, bey
einander wohnen; ſo wie die Liebesgötter
vertraulich ſich in meiner Seele zuſammen
vertragen!

12.

Eubulides an den Hegeſiſtratus.

Auch ſelbſt die Armuth iſt nicht im
Stande, die Denkungsart eines ſtörri-
ſchen Weibes zahmer zu machen, ſie nur
im geringſten zum Gehorſam gegen ihren
Mann zu bewegen. Mit Vorbedacht
freyt' ich ein armes Mädchen, um keiner
begü-

begüterten Gattinn Stolz ausgesetzt zu
seyn. Ich liebte sie sogleich, und bedaurte
sie Anfangs wegen ihrer Dürftigkeit; ihr
Schicksal, so glaubt' ich, hätte mein Mitleid erregt, allein das wußt' ich nicht,
daß ein Mitleid dieser Art der Liebe Anfang sey; aus ihm entstehet oftmals die
zärtliche Leidenschaft. Doch sie, deren
Umstände so sehr kümmerlich waren. —
weit, weit hat sie den Uebermuth und die
Aufgeblasenheit ieder reichen Gemahlinn
übertroffen. Sitten und Namen nach ist
sie Dinomache (*); kaum mäßigt sie sich,
mich nicht zu schlagen; und hält mich,

gleich

(*) Die heftig streitende.

gleich einer strengen Gebieterinn, unter
harter Bothmäßigkeit. Sie trägt weder
Hochachtung, als für einen Mann von
Vermögen, noch bescheidne Rücksicht, als
ihren Gatten, für mich. Dies ist die
Mitgift, welche ich mit meiner Frau er=
hielt. — Und ja, wahrhaftig! — eben
fällt mirs bey — auch dieses bewunderns=
werthe Gut brachte sie mir zu — sie führt
den kostbarsten Staat, recht, als bestrebte
sie sich, mich geschwinde arm zu machen;
kein Reichthum langt ihr zu, und flöß' er
aus Strömen herbey. Ich zeige ihr das
Kleid hin, das ich eben trage, und spiele
mit jener komischen Wendung versteckt auf

die

die Verschwenderinn an: Meine liebe
Frau, du verwürkst mir zu viel (*);
aber nie hat sie sich noch an meine Reden
gekehret. Das, was mich am meisten
schmerzet, ist die Geringschätzung dieses
unbesonnenen Weibes bey aller meiner Liebe gegen sie. — So unleiblich ist meine
Plage; dies nur hatte ich für das einzige
Mittel, sie zu endigen — die Barbarinn
aus dem Hause ins Elend zu stoßen, ehe
mir noch etwas schlimmeres begegnet, denn
natürlicher Weise verdoppelt das Weib-
vieh seine Beleidigungen, wann die Männer.

(*) Aus den Wolken des Aristophanes.

N

ner gegen ſolches Geſchmeiße nachſichtig ſind, — Fort daher mit dieſem unmenſch⸗ lichen Geſchöpfe! Es bleibt dabey! feſt be⸗ ſchloſſen iſt es, ich zaudre nicht; ihre Schuld liegt am Tage. Iſt der Bär ſelbſt zugegen, wie man ſpricht, ſo will ich nicht erſt nach ſeiner Spur ſuchen.

13.

Chelidonion an den Philonides.

Umſonſt, Geliebteſter, biſt du ſpröde, wähnteſt umſonſt, daß ich nach dir einen andern liebte. So müſſe Aphrodite mir gnädig ſeyn! immer bewahrt' ich ſtandhaft deine Liebe in unaufhörlichen Andenken,

ſo

so lange du von mir verreiset warst. Zwar
verliesseft du mich schlafend, und eiltest
nach Megara; ich erwachte — so rief ich
bey mir selbst: Nicht Philonides, nein,
Theseus ist er! schlafend verlies er mich,
und entfloh; Ariadnen werden mich alle
Mädchen nennen — du bist mein Theseus — wer wird Bacchus seyn? —
Tönten dir da die Ohren nicht, als ich
thränend dich nannte? O wüßteft du, wie
ich schlaflos des Nachts an dich gedachte!
wie ich deinen Brief — ganz eigenhändig
war er von dir geschrieben — mitten in
meinem Busen verbarg, mein Herz zu be-
sänftigen, das um deinetwillen pochte;

schon

schon würdest du für mich tausend Küsse
bestimmen. — Ich weis, ich weis es,
was dich vielleicht zu diesen Irrthum ver=
führte. Als eine Buhlerinn, die des Ge-
winnstes halber mit Jünglingen umgeht,
stell' ich mich in meine Gesellschafter ver=
liebt, ihre Leidenschaft stärker zu reizen.
Um dir nicht zu ofte beschwehrlich zu seyn,
bin ich gezwungen, von andern etwas an-
zunehmen; hierüber machst du mir Vorwürfe, weil du meine Verstellung nicht
kanntest. O, mache sie nicht, ich bitte,
ich flehe dich an, und benetze die Züge mit
meinen Thränen! — Doch ich bekenn' es,
ich bin schuldig — wann du mein aufrich=

                                    tiges

tiges Geständniß zu hören verlangest. Kündige du mir eine Strafe, welche du willst, an, nur nicht die Trennung unsrer Zärtlichkeit. Diese einzige Art der Bestrafung ist mir unerträglich — ja, bey deinem Köcher, aus dem du mich so entzückend verwundest! Künftighin will ich mich hüten, dich in keinem Stücke zu beleidigen, dann, mein Philonides, nicht mehr, als meinen Geliebten — als mich selbst lieb' ich dich. — Tiefathmend, voll Thränen, ich schwör' es bey den Liebesgöttern! schrieb ich dies, und stieß bey iedem, was ich schrieb, laute Seufzer aus.

N 5   14.

14.

Melitta an Nikochariten.

Hätte der schnelle Amor die Verleum=
dung zwischen uns nicht verscheuchet, wär'
Aphrodite, des reizenden Knabens reizende
Mutter, nicht zeitig uns beyden zur Er=
rettung erschienen, so würde ein endloser
Streit, eine unversöhnliche Zwietracht
uns auf immer von einander getrennet
haben. Umsonst frohlockten die Neider
unsrer Liebe, vereitelt ward ihre tückische
Absicht. Darum, Geliebtester, als ich
gestern mit eilendem Schritte in dein
Zimmer trat, bey dem Liebesgotte, dem

Zeugen

Zeugen unfrer Zärtlichkeit! da weint' ich für Wolluſt; voll Innbrunſt grüßt' ich dies der Liebe geweihtes Haus, freudig, mit ſüßen Lächeln berührt' ich deſſen Wände, und küßte meine Hand. Gleichwohl regte ſich dabey noch einiges Mistrauen, und bey mir ſelbſt ſprach ich: Wach' ich auch, oder täuſchen mich Bilder der Träume? — denn eben, weil ich die Sache ſo heftig wünſchte, ſo hätte mich eine gewiſſe Unglaubigkeit eingenommen. Doch als du deine Meliſſarion ſaheſt, da ſtreckteſt du, wie zum Zeichen eines nach langer Zeit gewährten Anblickes, den Finger aus, und drehteſt ihn bedeutungsvoll

im

im Kreise herum. — Tausend Dank sey
den Göttern der Freundschaft gesagt, daß
sie unsre Liebe wiederum erneuerten! Reizender und stärker fühl' ich sie itzt, denn
immer scheinen die Liebkosungen zärtlicher
Personen süßer nach einer vorher gegangnen
Beleidigung zu seyn.

15.

Chrysis an Myrinen.

Unsre Neigungen, liebste Freundinn,
sind uns beyderseits bekannt. Du bist in
meinen Gatten, ich hingegen in deinen
Sklaven von ganzen Herzen verliebt.
Was ist nun zu thun? Wie soll jede ihre

Liebe

Liebe geschickt befriedigen? — Ich flehte,
dies weißt du, die Göttinn an, mir das
Mittel zu dieser Befriedigung einzugeben,
da flößte sie mir plötzlich den Anschlag ein,
dessen Ausführung ich dir auf folgende
Art empfehle. Stelle dich, als ob du
deinen Sklaven, meinen zärtlichen Gebieter, züchtigtest, und im Zorne mit
Schlägen aus dem Hause jagtest; allein,
bey den Göttern bitt' ich dich! schone ihn,
und miß die Geiselhiebe nach der Liebe ab,
die ich für ihn hege. Unfehlbar wird der
erwünschte, der reizende Flehende zu mir,
als der Freundinn seiner Gebieterinn, die
Zuflucht nehmen, und dann will ich schleu-

nig

nig meinen Mann zu dir schicken, eine
Vorbitte für den Sklaven einzulegen, ihn
gleichsam mit diesem Auftrage von mir
treiben. Solcher Gestalt wird iede von
uns ihren Geliebten empfangen, und un=
ter Amors Führung mit Ruhe und Be=
quemlichkeit sich der günstigen Gelegenheit
bedienen können. Stille nur deine Lust
recht lange in seinen Umarmungen, und
verlängre dadurch zugleich den Genuß der
meinigen. Lebe wohl, und endige deine
Klagen über den frühen Tod deines Gat=
ten, da du so glücklich bist, den meini=
gen an seine Stelle zum Geliebten zu er=
halten.

16.

16.

Myrtale an den Pamphilus.

Mit Verachtung, mit der größten Ge-
ringschätzigkeit begegnest du mir, da ich
dich zärtlich liebe; dich lieb' ich, und du
glaubst, daß ich bloß ein untergeordneter,
beyläufiger Gegenstand deines Vergnügens
sey, ia, öfters gehst du vor meinem Hause,
als hättest dus nie gesehen, vorüber. Du
spielst den Stolzen gegen mich, mein
Pamphilus, und dies mit Recht, weil ich
die Thüre nicht verschloß, wenn du ka-
mest, nicht sprach: ein andrer ist schon
da, sondern ohne Ausflüchte dich aufnahm,

sonst

sonst hätt' ich dich freylich erhitzt, in ge-
reizter Zudringlichkeit erblicken können.
Ich selbst verderbte dich, weil ich dich zu
heftig liebte, und dir dieses merken ließ;
dann entdeckt ihr dergleichen, Männer,
so werdet ihr hochmüthige Verächter.
Billig wird Thais ganz allein von dir
verehret. Schön ist sie — denn einmal,
sie wird geliebt; du folgst ihr nach — das
macht, sie flieht dich schon von weiten,
und ihr strebt immer nach Dingen, deren
Besitz nicht ohne Schwierigkeit ist. Hast
du nach vielen Geschenken dich in vergeblichen Bitten an deine Schöne erschöpft,
dann suchst du mich endlich wieder aus

Ver-

Verzweiflung auf, bin ich schon nur vier Obolen, und Thais, das berühmte Mädchen, ganze Summen werth. — Mich selbst klag' ich itzt zu späte wegen meines Unglücks an. Oft schwur ichs, diesen sonderbaren Umgang aufzuheben, doch, erblick' ich dich wieder, dann hüpft' ich ganz außer mir auf dich zu, und auf einmal waren die Schwüre vergessen. Ich empfieng dich voll Entzücken, küßte dich zärtlich, schloß dich mit Innbrunst in meine Arme, und verstattete dir den Besitz meines Busens. Schmeichelst du dir also, mich immer auf diese Weise gehorsam, und ganz zu deinem Dienste bereit zu finden?

ben? — Bey den Liebesgöttern! — Doch die Erfahrung soll dichs lehren. Worzu den überflüßigen Schwur, da es bey mir steht, durch die That selbst mich bestimmt zu erklären, und die Standhaftigkeit meiner Entschließungen zu zeigen? — Lebe wohl, und falle mir, dies bitt' ich bey Thais Busen und Küssen, nicht weiter beschwehrlich.

17.

Epimenides an Arignoten.

Menschenfreundlich, o Schöne, ist deine Erklärung, mitleidsvoll deine Rede. Jüngling, sprachst du, wie lange harrest

du

du noch unausgesetzt? Ein Gatte besitzt mich, hänge meiner Aufführung keinen vergeblichen Schandflecken an. Entferne dich, gehe deines Wegs, eh' er dich entdeckt, und solch ein Jüngling um meinetwillen das Leben verlieret. Aber, giebst du mir dergleichen Warnung, so hast du, dies zeigt dein Ausdruck, nie geliebet, nie einen Verliebten gesehen. Wie unerfahren sprichst du mit mir? — Kein Liebhaber ist blöde, würd' er gleich mit Beschimpfungen überhäuft; er bleibt unerschrocken, wenn er auch sterben sollte. Flut und Winde entgegen zu schiffen, dies ist ihm gleichgültig; hierdurch wird Venus

mehr,

mehr, als durch Weihrauch und Opfer
geehret. Still also mit diesen Reden!
Possen, vollkommne Possen sind es. Zag-
los, ohne feiges Beben will ich in meiner Liebe der Spartaner Tapferkeit nach-
ahmen. Bey ihnen sprachen die Mütter
zu den Söhnen (*), doch würdiger ruft
mein Geist mir die feyerliche Ermahnung
zu. Deiner Schönheit wegen will ich
mit Lust entweder deinen Besitz, oder das
Grab erwählen; das Loos falle nun für
mich glücklich oder unglücklich aus. —
Glaube nicht, Liebenswürdigste, daß dies,

was

(*) Bey Ueberreichung der Tartsche, wenn
sie ins Feld giengen: Entweder sie, oder
auf ihr! —

was ich schrieb, nur ein Werk von Hand
und Zunge sey; du irrtest sehr — es ist
das Geständniß einer zärtlichen Seele,
welche die Leidenschaft, die sie traf, auf
diese Art an den Tag geleget hat.

18.

Mantitheus an den Aglaophon.

Ein Mädchen, Namens Thelxinoe, zog
unter dem Scheine einer sittsamen Schöne
den Schleyer über das Gesicht herab, halb
versteckt gieng ihr Blick unter ihm hervor, — so täuschte sie unvermerkt die
Jünglinge, denn auch der grimmigste
Wolf gleichte wohl ehe dem zahmsten
Hunde. Pamphilus, der sie von Unge-

O   fähr

fähr mit Aufmerksamkeit betrachtet hatte,
verliebte sich schnelle beym ersten Anschaun
in sie; er empfieng die Ausflüsse der Schönheit, und ward durch die Augen in zärtliche Glut versetzt. Unruhig ward er, gleich
einem Stiere, der von den Hummeln gepei-
nigt wird; dennoch wagt' ers nicht, seine
Leidenschaft zu entdecken, weil er ihre an-
scheinende Erbarkeit scheute. Die Schöne
merkte des Jünglings stilles Verlangen,
denn sie besaß in dieser Sache viele Erfahrung. *** (*) Dieser Mensch machte
sich nicht, als Kupler an unsern Liebhaber,

(*) Hier ist etwas von dem griechischen
Texte verloren gegangen, welches die
Vorbereitungen der Schöne auf den li-
stigen Streich enthielt.

der, sondern gab sich das Ansehen eines
Mannes von geheimnißvollen Kenntnissen,
und versprach ihm, unter vielen Prale-
reyen von seiner Kunst, sie allein durch
zauberische Mittel in seine Ketten zu bringen. Erst zog er von ihm eine starke
Summe Goldes, dann bewog er die
Schöne durch geheime Beschwörungen —
seinem dreisten Vorgeben nach, als er sie
ihm sich nähern zeigte — seiner Liebe zu
gehorchen. Diese Erdichtung zu bestärken,
speiste sie Anfangs als ein Mädchen von
Ehre mit verhülltem Gesichte in seiner
Gesellschaft: ein kleiner Theil des Silber-
geschirres ward ihr zum Geschenke, bis sie
sich endlich des goldnen selbst bemächtigte.

O 2 Sie

Sie gestand ihm hierauf, daß sie nun einmal seine Liebe erwiedere — daß sie dieselbe itzt zum ersten male empfände — in allem, was sie that, spielte sie die Rolle einer heuchlerischen Geliebten. Oft vergoß sie im Beysehn des Jünglings Thränen, beseufzte bald ihre Leidenschaft, bald beklagte sie bitterlich den Verlust ihrer Unschuld — kurz, dem Kretenser schien das Meer eine unbekannte Sache zu sehn (*). Bey iedem dieser Schritte bezeugte der angebliche Zauberer das größte Erstau-

---

(*) Ein Sprichwort auf Leute, die sich in einer Sache unwissend stellen, die sie vollkommen verstehen. Den Kretensern war das Seewesen, als Insulanern, sehr gut bekannt.

Erstaunen, und streckte die Hand, zum
Zeichen eines unerwarteten Sieges, aus.
So gieng es zwey= drey= und zu oft wie=
derholten malen; endlich, als sie den un=
glücklichen Liebhaber um sein Vermögen
gebracht, und vollkommen ausgezogen hat=
ten, so verliessen sie ihn mit gänzlicher
Verachtung in der äusersten Armuth.
Dieser, von Schmerz, den ihm seine Zärt=
lichkeit eingab, durchdrungen, beschwur
den Anstifter der Vertraulichkeit, aber=
mals bey ihr seine Künste zu versuchen,
denn noch stand er in seinem Wahne, und
hielt den Betrug für Ernst. Mein
Freund, versetzte dieser, in dergleichen

O 5 Fällen

Fällen wirkt unſre Kunſt nur auf eine gewiſſe Zeit, und auſſerdem, ſo haſt du ſie
auch hinlänglich benüßet. — Nunmehr
machten ſie ſich davon, nachdem ſie beyde
den Jüngling auf dieſe Art hintergangen
hatten, ſie, durch verſtellte Sittſamkeit,
und er, durch das Anſehen eines Ken-
ners geheimer Künſte, welches er ſich
gleich einem Schauſpieler auf der Bühne,
gab, indem er die Namen von Gotthei-
ten nacheinander vorbrachte, mit leiſer
Stimme einige erdichtete Beſchwörungen
ausſprach, und betrügeriſche Zauberfor-
meln von ſchrecklichem Innhalte hermur-
melte, ſo, daß er hierbey ſelbſt erzitterte,

und

und doch den Jüngling, der ihm zur Seite
stand, sich nicht zu fürchten, ermahnte.

19.

Archilochus an den Terpander.

Beym Zevs! Freund, sieh nur, auf
welche Art eine Schöne ihre Sklavinn
unvermerkt zum Werkzeug ihrer Liebe
machte. — Sklavinn, sprach sie, entweder hab' ich, wie es geht, im Schlafe ge-
träumet, oder in der That wachend einige
vom Schmaus erhitzte Jünglinge itzt bey
später Nacht vor der Thüre um meinetwillen lärmen gehöret. Die Straßen sind
frey, jedem, der Lust hat, ist es erlaubt

zu ſchäckern, zu lachen, und zu ſingen.
Bey den Muſen! allerliebſt ſangen ſie?
lieblich, gleich den Sirenen, war ihre
Stimme. — Du haſt richtig gehört,
meine Gebieterinn, erwiederte das Mädchen, ſchon längſt liebt dich ein gewiſſer
Jüngling; lockigt iſt ſein Haar, noch treiben die Wangen ihre erſten Keime. Hip-
pothales iſt ſein Name, doch ſeine Schönheit macht ihn allein ſchon kenntlich. Oftmals hat er bereits von dir mit mir ge-
redet: ich wünſchte, ſagt' er, deine Gebieterinn zu ſprechen, aber ich fürchte
mich, ſeinen Vortrag dir zu hinterbringen.
Wie, Freundinn, du hörteſt ſein Verlan-

gen?

gen? fragte die Schöne nochmals hurtig. — Ja. — Nun, so mag er noch einmal kommen, und singen, als hätt' ichs noch nicht erfahren, und scheint er mir alsdenn liebenswürdig, so will ich gegen ihn gefällig seyn. — Er kam, das Haupt bekränzt mit blühenden Rosen, und sang noch einmal so entzückend; man fand, daß er reizend sey — und beyde wurden in dem Genusse ihrer Zärtlichkeit glücklich. Nicht durch die Umarmungen allein, auch durch Küsse verbanden sie ihre Seelen; dies ist die Macht des Kusses, dies seine Bestimmung. Durch den Mund eilen die Seelen einander entge-

O 5   gen,

gen, und treffen auf den Lippen zusammen; so entsteht sie, die geistige, süße
Vereinigung.

20.

Oceanius an Aristobul.

Lykon, ein zärtlicher Jüngling, machte
seiner unerbittlichen Schöne Vorwürfe;
fruchtlos hatt' er ihr standhaft angehan-
gen, und an ihrer Thüre sich aufgehalten.
Flehend bedient' er sich jener oftgebrauch-
ten, gewöhnlichen Ausdrücke der Liebhaber bey ihren Mädchen: Wird eines
Jünglings-Anblick dich nicht zum Mitleid
bewegen? Rührt mein Schmerz dich nicht,

da

da ich dich zärtlich liebe? Dein bin ich; mächtig hast du mich besieget, mich, der ich für iede Reizung unbezwinglich war. — Sprichst du mit mir, war ihre Scythische Antwort, so peitscheſt du das Feuer, bläſeſt einen geflochtnen Korb auf, ſchlägſt mit Schwamm auf einen Nagel, mit einem Worte, du unternimmſt lauter vergebliche Bemühungen. — Endlich gerieth der Jüngling für Verzweiflung in Hitze, von Zorn entbrannt, ſchwoll ihm der Hals weit auf, und nun gab er ſeiner Geliebten die heftigſten Verweiſe. Erde und Götter! rief er, welche Hartnäckigkeit! Welch ein eigenſinniger, bis zur

Aus-

Ausschweifung weiblicher Charakter! Ein
Wunder, daß dergleichen Seele nicht vielmehr in ein wildes Thier gelegt ward! —
Die Wange sanft an ihre linke Hand ge-
beuget, die rechte in die Seite gestemmet,
sprach sie: Recht treffend will ich mich gegen diese Vorwürfe vertheidigen. Wahr
ist es, deine Zunge macht viel Geräusche;
du willst bloß vergeblich schwazen —
Doch, höre mich nun auch in dem ange-
gebnen Tone sprechen. — Selten fallen
die wilden Thiere, welche auf den Höhen
der Berge umher schweifen, die Menschen
an, aber, indem ihr euch selbiger lebendig
bemächtiget, durch Jagden sie reizet, da-

durch

durch lernt erst ihre Wuth sich regen.
Eben also lehrt ihr uns durch ein ähnli=
ches Verfahren kein Mitleiden mit Jüng=
lingen zu tragen, sondern ihnen mit grau=
samer, stolzer Sprödigkeit zu begegnen.
Denn, fühlt ihr die Liebe, so nehmt ihr
für unsern Thüren auf bloßer Erde Lager,
inständig fleht ihr uns an — bittet nur
um ein einzges Wörtchen, und schwöret —
euch sitzt der Eid auf der Spitze der Lip=
pen — mit Thränen zu den Göttern.
Wie Wölfe die Schafe lieben, so lieben die
Jünglinge die Mädchen, und wolfartig
ist ihre Zärtlichkeit. Doch, habt ihr eure
Begierden bis zum Ueberdrusse gestillet,

dann

dann verkehrt ihr eure vormaligen Geliebten in bloße Beyschläferinnen, stolz verspottet ihr itzt ihre Reizungen, ihr verachtet diese Unglücklichen, und verwünschet mit Abscheu die Wollüste, die euch vor kurzem so sehr entzückten. Eure Thränen währen einen Augenblick, wie Schweis werden sie abgetrocknet, und eure Schwüre, so sprecht ihr selbst, nähern sich den Ohren der Götter nicht. — Entferne dich, Lykon — Wolf, der umsonst den Rachen öfnet (*), und nenne die Mädchen nicht wilde Thiere, die sich hüten, nicht in dergleichen Geschöpfe Gewalt zu gerathen.

21.

(*) Ein Wortspiel mit Lykon, und λύκος der Wolf.

21.

Habrokomes an Delphis, seine Geliebte.

Gewiß, immer ist meine Aufmerksamkeit auf alle Mädchen ringsumher gerichtet, nicht, um sie besitzen zu wollen, —
nein, so grausam müsse dir dies Geständniß nicht scheinen — sondern, um eine ge-
naue Vergleichung zwischen ihnen und dir,
da du an Schönheit alle übertrifft, anzu-
stellen, und euch in stiller Betrachtung
gegen einander zu halten. Bey Amorn
schwör' ichs, dessen Pfeil meine Seele so
glücklich mit dir vereinte! alle Mädchen

hast

haſt du wie man ſpricht, in allen Stü-
cken, im Anſtande, in Schönheit, in
Grazien beſiegt. Dieſe ſind bey dir völlig
ungeſchmückt, ſind, nach dem Sprichworte, wirklich unbekleidet. Eine natürliche
Röthe, verbreitet ſich auf deinen Wangen,
und ſchwarze Augbranen glänzen auf der
weiſſen Stirne. Dein Haupt braucht keine Kränze; ſein Haar iſt ihm genug, und
beſitzt ſchon für ſich ſelbſt die größte Zierde.
So viel die Roſe lächelnder, als die übrigen
Blumen, iſt, ſo weit biſt auch du über
andre berufne Schönheiten erhaben. —
Ja, ſüſſes Mädchen, aller Blicke reiſeſt
du an dich, auf eine neue Art ziehſt du

sie

sie an; so hat noch kein Fischer den Fisch,
kein Vogelsteller den Vogel, kein Jäger den
iungen Hirsch gefangen. Durch Köder,
Leim, oder andre Mittel bemächtigen sie
sich ihrer Beute, du aber reisest uns bey
den Augen, die dein Anblick entzücket,
nach dir. — O liebste Delphis, mein
höchstes Gut, lebe lange, lebe beglückt!
auf dich allein sind meine Wünsche gerichtet. Alle Götter ruff' ich an, niemals
meine Gesinnungen von diesem Urtheile,
welches mir so richtig scheinet, zu verändern. Möchtest du, mein holdes Kind,
diesen Vorrang, den dir die Natur ertheilet, auf immer behaupten! Möcht'
ich die Wirkung des goldnen Pfeiles des

P   Liebes-

Liebesgötter auf immer empfinden! Versuch' es nicht, ihn aus meinem Herzen zu reißen; dies übersteigt deine Kräfte — und mein Verlangen, denn meine Zärtlichkeit fällt mir nicht zur Last. Dies einzge sey mein liebstes Geschäfte, Delphis zu lieben, und von ihr geliebt zu werden; mit der Schöne zu sprechen, und ihre Stimme zu hören!

22.

Charmides an den Eudemus.

Mit einer verheyratheten Schöne trug sich folgendes zu. Eben hatte sie sich den Umarmungen eines Liebhabers, der bey ihr im Hause war, überlassen, als ihr

Gatte,

Gatte, der von der Reise zurückkam, an
die Thüre pochte, und zugleich laut ruffte.
So bald, als sie das Klopfen, und die
Stimme vernahm, stand sie vom Lager
auf, und schüttelte die Betten zusammen,
um die Spuren einer zwoten Person —
diese verrätherischen Merkmale ihrer Vertraulichkeit — vollkommen unkenntlich zu
machen. Geliebter, redete sie hierauf
dem Buhler zu, fürchte nichts, und er-
schrick nicht, wenn ich dich itzt meinem
Manne, als einen Gefangnen vorführe.
Sie fesselte ihn — und nun öfnete sie die
Thüre, und rief ihren Gatten, als über
einen Dieb, welcher eingebrochen war,
herbey. Diesen Menschen, sagte sie, hab'

ich

ich in der Unternehmung, unser Haus zu
berauben, ertappet. Sogleich eilte dieser
wütend auf ihn los, ihn zu tödten, doch
die Schöne verwehrt' es, mit der Erinne=
rung, den Bösewicht lieber des andern
Morgens den peinlichen Gerichten zu über=
liefern. Fürchtest du dich, mein Mann,
fuhr sie fort, so will ich in deiner Gesell=
schaft aufbleiben, und ihn bewachen.

*** (*)

Ende des zweyten und letzten Buchs.

(*) Der Schluß dieses Briefs ist verloh=
ren gegangen. Ich wünschte, einen
Jacobi erbitten zu können, die kleine
Erzählung zu ergänzen und zu verfeinern.

———

Ver=

Verzeichniß der Briefe.

P 3   Klearchus

Druckfehler.

S. 5. Z. 7. lese man: Matanase. S. 11. Z. 5.
schon. S. 12. Z. 5. Aphroditens. S. 14.
Z. 12. Cypresse. S. 17. Z. 14. Greise.
S. 23. Z. 7. pflückt'. S. 26. Z. 4. Gelisple.
S. 27. Z. 3. wir,. S. 28. Z. 13. gelinden.
S. 29. Z. 1. G: an;. S. 32. Z. 12. Mäd=
chen. S. 36. Z. 5. schlau,. S. 45. Z 6.
weiser. Z. 9. hier durch). Z. 12. weise.
S. 53. Z. 5. Schuß. S. 79. Z. 1. Jnst:
Z. 8. an:. S. 90. Z. 12. Stimme:. S. 94.
Z. 12. auser. S. 101. Z. 14. Greise. S. 120.
Z. 15. falle? — S. 127. Z. 12. lautem.
S. 130. Z. 14. und — S. 137. Z. 7. vor=
bey; S. 155. Z. 7. dem. S. 171. Z. 3.
Amorn! — S. 176. Z. 1. gefallen?.
S. 178. Z. 7. Hand:. S. 183. Z. 8. wid=
rige. S. 197. Z. 2. Kündige mir. S. 215.
Z. 13. frey;.

Friedrich Oscar Schwarze

Das Verbrechen des ausgezeichneten Diebstahls

nach den neuen deutschen Gesetzbüchern

Friedrich Oscar Schwarze

Das Verbrechen des ausgezeichneten Diebstahls
nach den neuen deutschen Gesetzbüchern

ISBN/EAN: 9783743396524

Hergestellt in Europa, USA, Kanada, Australien, Japan

Cover: Foto ©Suzi / pixelio.de

Manufactured and distributed by brebook publishing software (www.brebook.com)